법륜·셋

다르마빨라
- 불교 중흥의 기수 -

상가라크쉬따 스님 지음 | 류시화·이경숙 편역

고요한소리

일러두기

* 본문의 주는 모두 역주譯註임

Anagārika Dharmapala

Bhikkhu Sangharakshita

(The Wheel Publication No. 70-72. 1964)
Buddhist Publication Society
Kandy, Sri Lanka

The Anagārika Dharmapala

1864 ~ 1933

차 례

머리말 9

머리말

　스리랑카는 BC 3세기경 아쇼카 대왕에 의해 불법이 전파된 이후 천오백여 년 간 찬란한 불교문화의 꽃을 피웠다.

　그러나 고인 물은 썩듯이 각 왕조의 비호 아래 번창하고 세속보다 더한 영화를 누리던 승단은 스스로 타락하고 분열하여 부처님의 가르침에서 멀어져갔다. 16세기 이후 나라의 운명은 포르투갈, 네덜란드, 영국의 손에 차례차례 넘겨졌고, 이들 국가로부터 수세기 동안 식민 지배를 받아오면서 접하게 된 근대문화와 앞선 경제에 바탕을 둔 기독교는 국민들에게 차라리 신선한 충격이기도 했다. 사람들은 점차 전통문화를 수치스러운 것으로 여기게 되었으며, 불교의 운명은 교육받지 못한 계층이나 산간 오지의 비문화권 사람들이 믿는 열등종교로 전락해 버렸다.

　아나가아리까 다르마빨라는 이런 어지러운 시기에 싱할리 가문에서 태어났다.

그는 전 생애를 바쳐 불교 중흥운동을 국민 계몽운동과 함께 전개하여 부처님의 위대한 정신을 되살리고 땅에 떨어진 민족적 자긍심을 회복시켜 스리랑카가 식민지배에서 벗어나 근대 독립국가를 이루는 데 정신적 문화적 기틀을 마련한 애국자이다.

그는 또한 인도에서 힌두교도와 지방 토호들의 사유물이 되어버린 불교 성지를 회복하고 인도 땅에 불법을 재건하겠다는 큰 원을 세워 범세계적 불교기구이며 자선단체인 〈마하보디 협회〉와 세계적 불교잡지 〈마하보디 저널〉을 창설하여 성지 회복을 위한 기금을 모으고 부처님의 법을 세계적으로 포교하였으며, 아쇼카 왕 이래의 대원력 보살이라 불릴 만하다.

또한 그는 카스트 제도로 피폐된 인도와 스리랑카 국민들의 나약하고 게으른 정신에 활력과 창의력을 불어넣고 그들을 교육시키기 위해 실업학교와 불교 교육기관을 세우기도 한 사회개혁가였다.

마른 나뭇가지에서 새 움이 돋고 꽃이 피는 생성의 활기찬 교향악을 연주하는 이 좋은 계절에 이분의 이야기를 소개하는 것은 비록 시간과 공간은 달리 하지만 그분의 행원行願이 지니는 의미가 오늘의 한국 불교에도 매우 실감나게 다가오기 때문이다.

우리 모두 오늘의 한국 불교가 처한 현실을 살펴 모든 책임을 '너'에게 미루지 말고, 진리니 정의니 하는 명분 어느 구석에 '나' 자신의 이기적 욕망을 숨겨놓고 있지나 않은지 철저히 밝히고 닦아 부처님 뜻을 바르게 시봉하자는 데 이 책을 펴는 의의가 있다.

옮긴이

I. 아나가아리까 다르마빨라

Anagārika Dharmapala

20세기 불교 중흥 운동의 선구자

어둠 속 한 줄기 서광

망망한 인도양 한가운데 보석처럼 떠올라 있고 일 년 내내 향기로운 꽃냄새가 산들바람을 타고 섬 전체를 감도는 나라, 스리랑카! 하지만 스리랑카의 1860년대는 참으로 암담했다. 포르투갈, 네덜란드, 영국의 잇따른 침략으로 전통문화가 수없이 파괴되고 짓밟혔다. 마치 하늘을 덮으며 밀려오는 거대한 메뚜기 떼처럼 기독교 선교사들이 이 구릿빛 섬나라로 쳐들어온 것이다. 온갖 기독교 교파들이 밀려들어와 불교인들을 기독교인으로 개종시키는 작업에 착수했다. 그들은 불교 집안의 자녀들에게 성경책을 나누어 주면서 이 나라 국민들이 역사 이래로 간직해 온 종교, 문화, 언어가 아주 미개한 것이며 심지어는 인종과 피부 색깔마저도 수치스럽게 여기도록 가르쳤다.

당시 선교사들의 태도가 어떠했는지는 헤버Heber라는 유명한 영국 성공회 주교가 지은 다음과 같은 찬송가에 노골적으로 잘 나타나 있다. 이 찬송가는 처음 작곡되었을 때처럼 자주 불리지는 않지만 오늘날 영국 전역의 교회에서 심심찮게 울려 퍼지고 있다.

향긋한 산들바람이
실론 섬을 부드럽게
어루만지네.
섬의 어느 구석 기쁨을
주지 않는 곳 없건만
거기 사는 인간들만은 정녕
견딜 수 없구나.

아낌없는 사랑으로
하나님의 은총을 전해 주어도
헛되어라
이교도異敎徒들은 눈이 멀어
나무와 바위에 대고 끝없이
절만 하네.

네덜란드는 스리랑카를 점령한 뒤 전국의 불교도들이 기독교로 개종할 것을 법률로써 강요했다. 이 법률은 이후 영국 통치 기간 중에도 70년 동안이나 강제로 시행되었다.

불교 집안에서 태어난 아이들마저도 출생과 동시에 의무적으로 교회에 등록하고 성경에서 따온 이름을 받아야 했다. 그리하여 가톨릭에 강제 등록하여 소위 '개종자'가 된 사람은 영어식 세례명과 포르투갈식 성을, 영국 국교도에 등록한 경우는 영어식 세례명과 스리랑카 성을 가지게 되었다. 많은 사람이 수치심이나 두려움 때문에 자신이 불교도임을 밝히는 것마저 꺼렸다. 다만 내륙 깊숙한 지역에 위치한 마을에서는 부처님의 법法이 종전의 위세와 신망을 그런대로 유지하고 있었다. 그러나 이런 곳조차 한 달에 20루피씩 받고 기를 쓰며 조상 전래의 종교를 모욕하고 짓밟으려 드는 현지인 출신 전도사들의 등살에 시달려야 했다. 체계적인 개종 정책은 그 정도에서 끝나지 않았다. 기독교 각 종파는 각기 학교를 세웠고, 불교 집안에서 태어난 아이들은 이들 학교에서 교육받지 않으면 안되도록 강요당했다. 교회에 다녀야만 하는 것은 물론 혼인 신고도 교회에 했다. 그뿐 아니라 불교도를 기독교로 개종시키기 위해 경제적 압력을 가하는 것은 예사로운 일이었다.

한편, 승가僧家의 구성원들은 몇몇 특수한 경우를 제외하고는 전반적으로 침체의 늪에 빠져들었다. 절집의 계율은 해이해지고 선정수행도 소홀해져 갔다. 뿐만 아니라 진정으로 불·법·승, 삼보에 귀의하고 있던 사람들마저 불교가 국민들의 심금을 사로잡아 왔던 저 광휘롭던 2천 년 이상의 찬란한 역사에 종지부를 찍고 이제 이 땅에서 인연이 다하여 사라져 버릴 운명에 놓인 것이 아닌가, 저 의기양양한 전투적 기독교 군단에 의해 아라비아 해의 푸른 바닷물 속으로 쓸려드는 것은 아닌가 하는 의구심을 떨치지 못했다.

이렇듯 법法은 커다란 시련을 겪고 있었지만 민족의 앞날에는 서광이 비쳤다. 장차 불법을 높이 선양할 거대한 힘이 태동하고 있었던 것이다.

위대한 애국자의 어린 시절

혼탁한 시대 상황 속에서도 조상 전래의 믿음을 굳건히 그리고 당당하게 지키던 사람들이 있었다. 명문가 중에 스리랑카 남부 마타라의 헤와위따르네Hewavitarne 가도 그 중 하나였다. 헤와위따르네 딩기리 앗뿌하미 Hewavitarne Dingiri Appuhamy는 농민계급 출신이지만 부귀와 명망을 누리는 유지였다. 그에게는 두 아들이 있었는데 모두 아버지 못지않게 불법에 대한 깊은 신심을 지니고 있었다. 한 아들은 출가하여 힛따띠예 앗타다시 테라 *Hittatiye Atthadassi Thera*가 되어 힛따띠예 대사원에서 중임을 맡고 있었다. 다른 아들 돈 카롤리스 헤와위따르네(후에는 서구식 이름을 버리고 무달리야르 헤와위따르네Mudaliyar Hewavitarne라 불렸다.)는 콜롬보로 나가 페타 지구에서 가구 제조업을 했고, 콜롬보 사업가의 딸 안드리스 뻬레라 다르마구나와르데네Andris Perera Dharmaguna -wardene와 결혼했다. 그녀의 아버지 역시 일찍이 말리가칸다에 있는 얼마의 땅을 시주하여 그곳에다 스리랑카에서 처음으로 불교 승가대학을 세운 신심 깊은 분이었다. 비됴다야 피리

베나로 불리던 이 학교(지금은 비됴다야 국립대학이다)는 유명한 초대 학장 히카두와 시리 수망갈라 마하 나야카 스님의 이름과 함께 세계 불교사에 큰 발자취를 남겼다.

무달리야르와 그의 젊은 아내 말리카는 아들을 간절히 바라던 차에 마침내 아이를 갖게 되었음을 알고는 무척이나 기뻐했다. 그러나 이 부부가 자식을 원하는 까닭은 서로가 아주 달랐다. 남편은 집안 사업을 계승할 아들을 원한 반면, 아내는 아들이 오랫동안 잘못된 길을 걷고 있는 스리랑카의 자손들을 팔정도八正道로 다시 이끌어 줄 승려가 되기를 바라고 있었다. 아직 10대를 채 벗어나지 못한 아름다운 말리카는 매일 아침 동트기 전에 코코넛 기름램프와 향을 준비하고, 쟁반 가득히 향기로운 꽃을 담아 집안에 차려진 법당의 불상 앞에 바쳤다. 그리고 그녀는 기원했다. 암울한 이 나라에 법法의 등불을 다시 켜줄 아들을 낳게 해 달라고……. 저녁에도 불상 앞에 엎드려 간절히 기원했다. 이 불상은 스리랑카인들의 가슴에 지나간 옛 영광을, 세속적으로나 정신적으로 가장 찬란했던 그 옛 시대의 영광에 대한 향수를 불러일으키는 고도古都 아누라다뿌라에 있는 거대한 석불의 하나를 본뜬 목

각 불상이었다. 그 옛사람들의 해탈한 마음에서 나온 신비한 영적 감화력이 불상을 통해 스리랑카 여인의 민감한 정신에 스며들었던 걸까, 온정과 평화, 그 신선한 향에 취해 그녀는 간절히 기도했다.

이 몸과 마음을 끝없이 청정하게 닦으리니,
이 몸 위대한 인물을 위한 알맞은 그릇이 되게 하여
꿈속에서조차 감히 그려볼 수 없는
대업을 이루게 하옵소서.

출산 백일을 앞두면서부터는 매 보름마다 초대받아 온 스님들이 해질 무렵에서 동트기까지 신성한 빠알리 경을 독송하며 아기의 건강과 순산을 빌어 주었다.

마침내 1864년 부겐빌리아의 아름다운 꽃 넝쿨이 창문에 그림자를 드리우던 9월 17일 저녁, 잠자던 이 나라의 민족혼을 일깨우고 부처님 법의 광명을 온 세계에 비추게 될 운명의 아기, 용맹한 사자, 싱할리의 자손 데이비드 헤와위따르네가 폭풍 치는 밤하늘에 번득이는 번갯불처럼 우렁찬 첫 울음소리를 냈다. 어린 데이비드 헤와위따르네는 경건한 전통적 분위기 속에서 성장했다. 매일 아침저녁 부모와 더불어 불당에서 무릎 꿇고 부처님과 법과 승가의 삼보三寶에 귀의하여 오계[1]를 지킬 것을 서약하며, 인류에게 처음으로 열반의 길을 가르쳐 주신 부처님께 지난 이천오백여 년 동안 수많은 사람들이 해왔던 감사와 찬양의 게송을 암송하곤 했다. 그가 어쩌다 오계를 조금이라도 어기게 되면 어머니는 그것이 어떤 점에서 계율에 어긋나는지를 상냥하고 차근차근하게 타일러 주어 오계를 모두 잘 지킬 수 있도록 이끌어 주었다.

아이가 어린 시절에 받은 영향이 그 후의 인생 과정에 큰 영향을 미친다는 것은 교육심리학의 상식이다. 다르마빨라(데이비드 헤와위따르네의 법명)의 생애야말로 바로 그 훌륭한 예라 할 것이다. 부처님에 대한 깊고도 자연스런 헌신, 복잡하고 유혹 많은 현대생활 속에서 평범하고 소박한 계율에 대한 본능적 준수, 부정하고 악한 모든 것에 대한 가차 없는 힐책, 순수하고 선한 모든 것에 대한 열정적

---

1 오계: 불교의 기본 계율. 승속 불문하고 불교인이면 누구나 지켜야 할 계율로 살생, 도둑질, 간음, 거짓말, 음주를 하지 않는 것.

인 사랑, 이 모든 것은 의심할 여지없이 어린 마음의 비옥한 땅에 뿌려진 어머니의 사랑스런 충고와 아버지의 엄격한 가르침이라는 씨앗이 꽃을 피운 결과였을 것이다. 어린 시절 종교적 교육이 없었다면 다르마빨라도 그 시기의 다른 많은 사람들처럼 실크모자에 양복바지를 입고 그의 가족에게는 영어를 쓰고 시종에게는 스리랑카 말을 했을지도 모르고, 스리랑카 불교의 총아 다르마빨라는 아예 태어나지 못 했을는지도 모른다. 옛날 스리랑카 식의 경건한 신앙심이 다르마빨라의 모든 인격의 토대가 되었다는 점은 결코 간과할 수 없는 것이다. 그는 비록 종교 교리에 정통했지만 학자는 아니었다. 수없이 많은 글을 썼지만 문필가도 아니다. 40년 이상을 일하고 민심을 흔들었지만 그의 신비로운 인품을 풀 열쇠는 찾기 어렵다. 근본적으로 그는 수세기에 걸친 사회적 억압과 종교적 박해가 있던 그 시기에 자신의 종교에 열정적으로 헌신했던 스리랑카인일 뿐이었다. 그에게 종교는 지적 신념이 아니라 본능이었다. 그는 남방불교 속에서 살아 움직이고 존재했다. 남방불교 역시 수세기에 걸친 침체 끝에 그의 마음에서 다시 살아 움직이며 존재했다. 여기에 스리랑카 사람들을 움직이는 그의 신비스런 힘이 담겨 있다. 그는 스리랑카인의 심오한 신앙심을 외부로부터 내려다보는 초연한 학자가 아니었다.

그는 그들이 느끼는 대로 느끼고, 믿는 대로 믿는 자였다. 그는 자기 민족이 지니고 있는 모든 선한 요소를 드높게 승화시킨 분이었다. 사람들은 그에게서 지난날 자신들의 모습뿐 아니라 다시 존재해야 할 미래의 모습을 확인하게 되는 것이었다.

헤와위따르네 부부는 스리랑카의 전통에 따라 비됴다야 승가대학의 고명한 스님 시리 수망갈라 마하나야카 테라를 모셔와 이미 범상치 않은 소질을 나타내던 아들의 교육을 최초로 위탁했다.

마침내 말리카의 미래의 꿈인 이 아기가 다섯 살이 되었다. 소년은 이제 바깥세상의 공기를 접해야 했다. 감미로우면서도 미묘한 향처럼 부처님의 가르침이 모든 것에 배어있는 가족생활에서 떠나 기독교 계통인 유치원에 입학하게 된 것이다. 기독교 계통인 이 유치원에 다니는 동안 소년은 이 세상이 부처님의 진리를 숭배하는 그의 부모와 같은 불교신자들과, 부처님의 진리를 증오하고 파괴하려 드는 그의 학교 선생님들 같은 기독교인들로 나뉘어 있다고 생각하게 되었다.

여섯 살이 되자 페타 가톨릭계 학교에 들어가 2년 동안 다니다가 다시 스리랑카계의 사립학교에 들어가 2년 동안 공부했다. 훗날 스님이 된 다음 다르마빨라는 다음과 같이 회상했다.

'첫 수업은 스리랑카의 옛 관습에 따라 선생님께 인도산 후추(구장잎)를 바치고 인사를 드리면서 시작되었다.' 그는 또한 '그 선생님은 반드시 모든 것을 정갈하게 하고 많은 물을 사용하여 몸을 깨끗하게 할 것을 학생들의 예민한 마음에 심어준 엄격한 분이셨다.'고 적고 있다. 그 교훈은 잘 받아들여진 듯싶다. 일생을 마칠 때까지 다르마빨라는 자기가 쓰는 물건과 자기 주변을 정갈히 하고 정돈하는 데 각별한 신경을 썼다.

이 학교에서 그는 스리랑카 사원에서 가르치는 모든 교재를 배울 수 있었다. 그 결과 그는 모국어와 문학에 철저한 기초 지식을 얻었다. 이 스리랑카계 사립학교를 떠나자 그는 성 베네딕트 학교의 최하급반에 들어갔다. 이 학교에서는 매일 30분 동안 성 처녀 마리아를 칭송하는 짧은

기도를 반복해야 했고, 그가 불교도였기 때문에 목요일마다 수사가 가르치는 특별반에 참석해야 했다. 그리고 축제일에는 그의 부친의 정원에서 향기로운 꽃다발을 만들어 학교 교회당을 장식하곤 했다. 그즈음 가족들은 페타에서 푸른 들판과 우아한 야자수가 우거진 코타헤나의 새 집으로 이사했다.

어느 날 한 신부가 그에게 가톨릭 신자가 되지 않겠느냐고 물었다. 다르마빨라는 이를 거절했다. 얼마 후 학교 당국은 뚜렷한 이유 없이 그에게 성 베네딕트 학교를 떠날 것을 요구했다. 후에 그는 가톨릭의 세력이 콜롬보에서 그토록 맹렬했던 그 시절에 자신이 가톨릭으로 개종하지 않은 것이 참 신기하다고 회상했다. 그러면서 그는 부모와 조부모의 영향이 자신이 불교의 영역 안에 머물게 하는데 큰 역할을 했다고 밝히고 있다. 이것은 매일 예불에 참석하고 어머니와 함께 정기적으로 코타헤나 사원에 가는 것 혹은 서늘한 저녁에 자타카[본생담] 이야기를 큰 소리로 읽는 것도 그렇지만 이보다 더 깊은 인상을 그의 마음에 심어준 다른 종교적 체험이 있었다는 것을 말한다. 아홉살이 되었을 때 그는 아버지를 따라 사원에 가서 〈브라흐

마짜리야[梵行]〉 서약을 하고 무엇을 먹든 그것으로 만족할 것과 잠을 적게 자라는 가르침을 들었다. 이때 받은 인상은 오래도록 기억에 남아 훗날 아나가아리까(Anagārika 집 없는 자)라는 불명으로 불리던 그는 이미 어떤 음식으로도 배고픔을 때울 수 있고 잠을 두세 시간만 자고도 잘 견디었다. 이런 점을 보면 그가 정력적으로 활동하고 업적도 많이 이루어 내면서도 한편으로는 매우 금욕적인 기질을 지니고 있었다는 것을 확인할 수 있다.

그는 고독, 명상, 연구를 진정 사랑했다. 그러나 이런 요소들이 그의 생에서 보다 큰 부분을 차지하지 못한 것은 성향 탓이 아니라 그가 살았던 시대의 요청 때문이었다. 이후 다르마빨라는 콜롬보에서 6~7마일 떨어진 코떼에 위치한 성공회 계통 기독교 기숙학교의 매우 종교적인 분위기 속에서 2년을 보냈다. 여기에서는 매일 오전 6시 30분에 시작하는 예배에 참석해야 하고 수업시간에는 창세기나 마태복음의 구절들을 암송해야 했다. 그래서 그는 10세가 되기도 전에 출애굽기, 신명기, 여호수아, 네 복음서 그리고 사도행전을 줄줄 외울 수 있었다.

이 학교의 사감 선생은 술을 몹시 좋아하는 데다 나무

에 앉은 새를 총으로 쏘아 잡는 취미를 갖고 있었다. 술에 취해 흐트러진 그의 모습을 보거나 나뭇가지에 앉은 가녀린 새가 총에 맞아 피를 흘리며 떨어지는 것을 볼 때마다 어린 소년은 경건한 생활을 하는 부모님의 모습을 떠올리지 않을 수 없었다. 동시에 '모든 생명을 가진 자, 죽기를 싫어한다.'는 부처님의 자비로운 말씀이 생각났다.

어느 일요일 그는 조용히 사성제四聖諦에 관한 소책자를 읽고 있었다. 그때 사감 선생이 그에게로 다가와 그의 손에 있는 책을 빼앗아 훑어보고는 창밖으로 던져 버렸다. 이런 일은 사춘기로 접어든 그의 마음에 더욱 예민한 충격을 주어 이미 타오르기 시작한 반항의 불길을 더욱 부채질하는 결과를 낳았다.

이 시기에 있었던 또 다른 사건을 살펴보면 다르마빨라가 평생 지니고 있던 성격의 한 단면을 엿볼 수 있다.

언젠가 다르마빨라의 한 급우가 세상을 떠났다. 선생님은 숨을 거둔 친구 주위에 학생들을 모이게 하고 기도하게 했다. 이때 다르마빨라는 옆 친구들 얼굴에서 불안을 읽었다. 그런데 침대 위에 시체를 보니 이는 또 그렇게 조용히 누워있을 수가 없지 않은가! 이때 그의 마음속에 섬

광처럼 떠오른 생각이 있었다. 기도는 결국 공포에서 나온 것이구나. 그러자 그 즉시 그의 몸과 마음 전체가 무엇에 대해서든 두려움을 품는다는 것에 관해 저항하는 것이었다.

이와 같은 극적인 체험으로 그는 공포로부터 영원히 헤어날 수 있게 되었으며, 가장 확실한 정신적 승리의 징표인 불굴의 용기를 지니게 되었다.

다르마빨라는 한편으로 성서의 시적 운율과 야고보서의 율동적인 아름다운 문장에 매혹되곤 했으며 선한 마음을 고양시키는 성서의 내용에 대해서는 반대하지 않았다. 그의 어린 마음에 분노를 야기한 것은 기독교인들의 광신적인 행위와 그들이 주장하는 편협하고 독선적인 교리였다.

이 학교에서도 다르마빨라 소년은 오래 견디지 못했다. 이번엔 학교가 그를 쫓아내서가 아니라 그가 학교에서 주는 고기와 기름투성이 음식을 도저히 먹을 수가 없었다. 그의 몸이 너무 여위어 부친은 학교를 그만두고 두 달 동안 집에서 쉬도록 배려했다.

1878년 9월에 그는 북부 콜롬보에 있는 성공회 기관인 성 토마스 학교St. Thoma's Collegiate School에 입학했다. 이 학교의 와든 밀러 교장은 '매를 아끼면 자식을 망친다'는 격언을 굳게 믿고 철저히 실행하는 고지식한 교육자였다. 덕분에 성 토마스 학교의 학생들은 매를 면치 못했고 버릇없는 행동은 꿈도 꿀 수 없을 지경이었다. 학생들은 밀러 교장을 몹시 두려워하여 복도에서 울리는 그의 발소리만 듣고도 두려움에 벌벌 떨었다. 어느 화창한 5월 아침 마른 몸집의 스리랑카 학생이 교장실로 들어와 교장 앞으로 다가왔다. 그러고는 그날이 부처님께서 탄생하고 깨치고 열반에 든 웨사아카 축제일이니 불자인 자기가 이날을 집에서 경건하게 보내고 봉축행사에도 참가할 수 있도록 허락해 달라는 것이었다. 당황한 교장은 짐짓 위엄을 나타내며 엄격한 어조로 말했다. 오늘은 학교 공휴일이 아니며 성공회의 공립학교장으로 단지 불교도의 축제의식 때문에 휴가를 준다는 것은 타당하지 않다고. 잠시 후, 다르마빨라는 우산과 책을 집어 들고 아무 말 없이 학교를 나와 버렸다. 다음 날 그 어린 말썽쟁이는 순종하지 않은 것에 대해 분노에 찬 꾸중을 들었을 뿐 아니라 와든 밀러의 딱딱한 막대기로 엉덩이를 몇 차례 얻어맞아야 했다.

그러나 이런 고통스럽고 혐오스런 경험에도 불구하고 다음 해와 그다음 해에도 웨사아카 축제일에는 여전히 학교를 빠져나왔다. 물론 그때마다 그는 똑같은 벌을 받았다. 학우들은 그의 이런 행동을 재미있어 해야 할지 대담한 용기를 감탄스러워 해야 할지 갈피를 잡기 힘들었다. 기독교를 신봉하는 친구들은 자기들이라면 와든 밀러 선생의 채찍을 맞으면서까지 크리스마스를 지키지는 않았을 것이라고 솔직히 털어놓았다.

어찌 보면 당돌하고 괴팍스럽기까지 한 성격임에도 불구하고 그는 여러 계층의 친구들과 더불어 폭넓은 우정을 나누었다. 아직도 카스트에 의한 계급의식이 심지어 불교국인 스리랑카에서조차도 현저했던 그 시기에 그는 이런 것을 무시하고 여러 부류의 친구들과 사귀었다. 그는 부처님의 모범, 즉 계급차별이 그토록 엄격하게 존재하던 시대에 가장 천대받던 거리의 청소부조차 바라문과 똑같은 제자로 받아들였고, 다만 입문의 순서대로 서로에게 예의를 차리게 하여 바라문이 청소부의 발에 이마를 대고 경배하게 만들었던 정신을 즐겨 이야기하곤 했다.

그는 또한 논쟁에 탁월한 재주를 지니고 있었다. 그리고 그의 논쟁의 주된 공격 목표는 말할 나위 없이 독선에 찬 기독교 교리였다. 대부분의 경우 그는 상대방의 정신을 혼란시키고 당황하게 만들기 일쑤였다. 한 번은 칸단 출신 불교도인 학급 친구가 선교사에게 설득당해 조물주가 있긴 있나 보다고 그에게 고백한 적이 있었다. 그러자 우리의 어린 토론자는 대뜸 그에게 응수했다.

"조물주는 신이 만들었니?"

"신이 곧 조물주야."

친구는 자신 있게 대답했다.

"그럼 신은 누가 만들었지?"

질문자의 의도를 파악하지 못한 칸단 친구는 더듬거리며 신은 분명 스스로 창조되었을 것이라고 말했다. 그것은 바로 다르마빨라가 기다리던 대답이었다.

"그렇다면 신은 불교도임이 틀림없어. 모든 불교인은 자신이 과거에 지은 업의 결과잖니. 결국 모든 사람은 자신이 스스로를 창조하는 거야. 즉 모든 사람은 잠재적인 신이지. 이처럼 사람이 각기 자신의 조물주이긴 하지만 세상을 창조하는 것은 아니야. 신과 인간은 스스로를 만들

수는 있지만 남들은 만들지 못해."

다음 일요일 칸단 친구는 다르마빨라가 일러준 질문으로 무장하고 주일학교에 갔다.

"신부님, 죽이지 말라는 것이 하나님의 계명인데 왜 십자군 전쟁이 일어났지요?"

그런 질문을 받아본 적이 없던 스리랑카인 신부는 고지식하게도 그것은 하늘의 계시를 받았기 때문이라고 대답했다. 신부의 대답을 전해들은 다르마빨라는 이미 반론을 준비해 놓고 있었다.

"기독교도에게는 모든 전쟁이 하나님의 계시군요. 그럼 왜 하나님은 당신이 만든 계명을 사람들이 깨트리도록 고무하고 있는 것일까요?"

다르마빨라는 바로 그 신부로부터 종교수업을 받았다. 신부는 소년의 재능을 알아보고 그를 개종시키기 위해 학급에서 성적이 제일 뛰어나면 시계를 선물하겠노라고 약속했다. 다르마빨라는 열심히 공부하여 마침내 모두가 탐내던 상을 받아냈다.

그가 기독교인들과의 논쟁에서 효과적으로 사용하곤 하던 성경 지식은 이처럼 역설적이게도 기독교 선교사에

게 배운 것이었다. 그러나 그 사용 방법을 그에게 가르쳐
준 이는 불교 승려였다.

빠아나두라에서의 대 토론회

성 토마스 학교를 오가는 길에 다르마빨라는 매일 코타
헤나 사원을 지나다녔다. 그 사원의 주지스님은 근대 스
리랑카에 있어 가장 위대한 웅변가이자 토론자인 메게투
바테 구나아난다였다. 토요일 저녁만 되면 사원은 신자
들이 많이 모여들었다. 노란 장삼을 갈색 어깨 위로 멋지
게 휘감고 집게손가락을 쳐들어가며 기독교에 대해 신랄
한 공격을 퍼붓는 스님의 명연설을 듣기 위해서였다. 그는
불교의 정연한 논리로 무장하여 창조설에 조준하는가 하
면 기독교의 영혼 불멸설에 조준하는 등 독단적인 기독교
교리의 요새가 잿더미로 화할 때까지 공격을 멈추지 않았
다. 스님의 명성은 섬 전체로 퍼져 나갔고 기독교에 대한
주민들의 반감을 야기했다. 수세기에 걸친 식민지배에 대
항하는 최초의 저항이라고 할 수 있었다.

급기야 기독교인들은 스님의 콧대를 꺾고 불교의 위신을 추락시키기 위해 1873년 콜롬보 근교 빠아나두라에서 대규모 공개 토론회를 개최했다. 단합된 기독교 각 교파의 세력에 맞서는 단 한 명의 연사였지만 스님의 능변은 너무도 인상적이고 논법은 강력하여 청중들의 마음을 사로잡았다. 결과는 기독교의 참패로 끝났으며, 이는 실론 섬의 기독교 세력에 조종을 울리는 결과를 가져왔다. 결국 다시는 구교나 신교가 그들의 독단론으로 불교의 지혜와 겨뤄 토론하려 들지 않았다.

올코트 대령과 블라바츠키 여사를 만나다

빠아나두라 대 토론회 소문은 구나아난다 자신도 믿을 수 없을 만큼 널리 퍼져 나갔다. 이삼 년 후 구나아난다 스님은 한 미국 대령과 귀족 출신의 러시아 부인으로부터 편지를 받았다. 토론회의 승리를 축하하며 1875년 뉴욕에서 그들의 주도하에 설립된 신지학회[2]를 소개하는 내용이었다. 편지와 함께 《베일 벗은 현자들*Isis Unveiled*》[3]

이라는 두 권의 책도 부쳐왔다. 구나아난다는 그 두 외국 지지자들과 서신 교환을 시작했고 《베일 벗은 현자들》을 스리랑카어로 번역 출간했다. 이 번역물은 좋은 반응을 얻어 오래지 않아 올코트 대령Colonel Olcott과 블라바츠키라는 이름은 불교도들 사이에 널리 알려지게 되었다.

이 사원을 자주 방문하여 구나아난다 스님의 총애를 받고 있던 다르마빨라는 어느 날 스님에게 신지학회의 설립자인 올코트 대령과 블라바츠키 여사가 불교 중흥을 돕기 위해 스리랑카에 온다는 말을 들었다. 그는 뛸 듯이 기뻐했다. 14세 되던 해 다르마빨라는 구나아난다 스님이

---

2 신지학회: 1875년 러시아인 귀족 블라바츠키H. P. Blavatsky (1831~1892)
와 미국인 변호사 겸 언론인 올코트Henry S. Olcot(1832~1907) 대령과 변호
사 저쥐W. Q. Judge (1851~1896)를 위시한 여러 인사들이 뉴욕시에서 창립.
블라바츠키가 1891년까지 영적지도자로 이끌다 사망한 후 올코트가
1907년까지 회장직을 맡음. 저쥐는 후에 협회 부회장 겸 미국지부의 초
대 책임자가 됨. 이 협회는 과학과 종교, 철학을 통합한 세계관을 제시
함. 이들의 교의는 주로 동양의 위대한 종교, 철학, 고전과 서양의 자료
에서 뽑은 것이며 이들의 목적은 ① 인종, 신조, 성, 계급, 피부 빛의 구
별 없이 인류의 보편적 우애의 핵을 형성하는 것 ② 비교종교, 철학, 과
학의 연구를 지원하는 것 ③ 아직 알려지지 않은 자연의 법칙과 인간의
잠재력을 탐구하는 것 등이었다.

3 블라바츠키 여사가 쓴 최초의 저술. 1877년 두 권으로 나왔으며,
1888년에 역시 두 권으로 나온 《비밀교의The Secrete Doctrine》와 더불어
이 협회의 교의를 천명하는 기준서이다.

갖고 있던 《신지론자*Theosophist*》라는 책을 읽은 이후 신지학에 많은 관심을 갖게 되었다.

1880년 5월 마침내 신지학회의 두 설립자가 스리랑카에 도착했다.

5월 21일 수천 명의 불교도들이 갈레Galle에 모여들었다. 그들은 자신들을 지배하던 이전 백인과는 달리 두 사람이 부처님의 가르침을 공격하는 것이 아니라 고승 앞에 무릎을 꿇고 귀에 익은 삼귀의와 오계의 구절을 반복하는 광경을 목격했다. 사람들은 그들의 눈을 의심할 지경이었다. 올코트 대령과 블라바츠키 여사가 불교로 개종한 것은 빠아나두라 토론회의 승리와 함께 스리랑카 불교역사에 신기원을 연 실로 중대한 의미를 갖는 사건이었다. 그들은 이후 남부 스리랑카에서 수도 콜롬보까지 순례 여행을 하며 곳곳에서 강연회를 갖고 폭발적인 환영을 받았다. 담마[法]의 횃불이 타오르는 힘찬 서곡을 연주하고 다녔던 것이다.

그해 6월에 그들은 수도에 도착하여 첫 강연회를 가졌다. 존경하던 두 사람을 직접 만날 수 있다는 기대에 다르마빨라의 가슴은 설레었다. 그는 성 토마스 학교에서 강연장까지 내내 걸어 다녔다. 강연회가 끝나고 그는 부친, 삼촌과 함께 두 사람을 만나기 위해 뒤에 남았다. 그리고 그들의 만남은 데이비드 헤와위따르네, 후일의 아나가아리까 다르마빨라(집을 떠난 법의 수호자)의 운명을 결정짓는 중요한 순간이기도 했다.

성 토마스 학교의 와든 밀러 교장은 다루기는 힘들지만 진실성이 있는 다르마빨라를 신뢰하지 않을 수 없었다.

어느 날 밀러 교장은 그에게 솔직히 털어놓았다.

"우리는 자네에게 영어를 가르치기 위해 이 섬에 온 것이 아니네. 우리의 목적은 자네 같은 젊은이를 개종시키는 것이라네."

다르마빨라는 신약의 내용은 좋지만 구약은 믿을 수 없다며 교장의 제의를 거절했다.

1883년 3월, 코타헤나의 성 루시아 성당을 지나 구나아난다 스님이 있는 사원으로 향하던 불교도의 행렬이 가톨릭교도에게 무자비한 테러를 당한 사건이 일어났다. 이에 격분한 다르마빨라의 아버지는 아들에게 기독교 학교를 그만두게 했다.

이것으로 다르마빨라와 기독교 학교와의 인연은 마침내 종지부를 찍게 되었다. 학교를 떠날 때 밀러 교장은 다르마빨라에게 최우수 학생으로 졸업장을 수여했다.

그 후 얼마 동안 다르마빨라는 페타 도서관에서 역사, 철학, 심리학과 윤리학 등 다방면의 책을 닥치는 대로 읽으며 내적 교양을 쌓아나갔다. 그는 또 시를 좋아했는데 특히 쉘리와 키이츠의 시를 애송했다. 쉘리의 시는 대부분 이탈리아의 화창한 푸른 하늘 아래서 쓰이지 않았던가. 별빛 가득한 열대 지방의 밤, 달빛을 받은 나뭇잎은 잔잔하게 흔들리는데 야자수 밑에 앉아 절에 핀 꽃의 향기를 맡으며 쉘리의 시를 읽는다고 상상해보라. 삼촌 서재에서 우연히 발견하여 읽게 된 쉘리의 〈마브 여왕Queen Mab〉은 이후에도 언제나 즐겨 읽는 시가 되었다.

그는 "나는 인간이 스스로에게 가하는 끝없는 횡포와 불의에 대해 그 시가 그리는 서정적인 의분과 시 전편에 흐르는 개인의 자유를 향한 열정을 언제나 사랑하지 않을 수 없었다." 하고 회상한 적이 있다. 10대의 민감한 시절에 읽은 〈풀려난 프로메테우스〉가 인격 형성에 큰 영향을 주지 않았다고 한다면 그건 억지일 것이다.

어떻든 그는 정통 기독교의 완고한 독단론에 저항했던 학생 시절의 시인에 대해 묘한 유대감을 느끼면서 쉘리와 키이츠가 죽어서 다시 태어난 곳은 천상일까, 지상일까, 그들을 찾아내어 불교로 개종시킨다면 얼마나 좋을까 하는 것을 상상하며 즐거워하곤 했다.

여기서 우리는 소년 시절에 형성되었던 다르마빨라의 가치관에 대해 잠시 언급해 두는 것이 좋겠다.

그는 분명 신심 깊은 불자였다. 그러나 그 불심은 권위의 갑옷으로 무장한 속물적인 불교 교단에 맹목적으로 추종하는 그런 신앙심과는 달랐다. 당시의 승단이 대부분 진실을 추구하는 열정을 상실한 나머지 정신적 향상에 의한 아라한과의 성취를 의심하면서 열반의 실현은 이젠 불가능하다고 치부한 데 반해, 그는 비상한 영적 발전의 세계를 제시하는 부처님 메시지의 진실성을 글자 그대로 확신하고 있었다. 그는 항상 더없이 높은 이상 세계에 대한 동경을 멈추지 않았다. 이런 이상주의적 기질은 당연히 타협에 대한 완강한 거부로 나타날 수밖에 없었다.

어린 소년 시절부터 학교 교육과정을 통해 실론의 전통 불교 가치관과 제국주의적 서구 기독교 가치관의 첨예한

대비를 직접 몸으로 체험하며 자라온 다르마빨라는 본능적으로 자기중심을 견지해 내는 능력을 쌓게 되었다.

그는 개인적으로나 사업상에 있어서나 어떤 윤리적 문제점에 직면하더라도, 사랑하는 자기 섬나라의 인습이라는 완강한 장벽과 맞닥뜨리거나 낯선 서구와 극동의 갈피를 잡기 힘든 이색 문화와 만나더라도, 언제나 흔들리는 일 없이 확고한 자세로 이에 대처할 수 있었다. 그는 모든 사물을 불법의 빛에 비추어 판단하려 했으며 자신이 옳고 정당하다고 생각한 것은 망설이거나 두려워하지 않고 곧바로 행동에 옮겼다. 훗날 부다가야의 성지 보존 문제로 재판을 하게 되었을 때 사람들은 그에게 뇌물을 쓰면 승소하게 될 것이라고 말했지만, 그런 생각을 경멸하며 일언지하에 거부했다. 당시 그에게 부다가야의 승소는 세상에서 어떤 일보다 중요한 일이었지만 그런 역겨운 방법으로 목적을 성취하느니 차라리 재판에서 지는 쪽을 택했던 것이다.

또 하나 그의 가치관 형성의 과정에 있어 중요한 구실을 한 것은 소년 시절부터 몸에 익힌 명상 공부라 할 것이다. 그는 나이아가라 폭포를 보았을 때, 수백만 톤의 물이

천둥 같은 굉음을 내며 쉴 새 없이 쏟아져 내리는 장관을 향해 "이것이야말로 내가 본 것 중에 가장 생생한 인생무상의 사례다."라고 말했다.

이처럼 그는 긴 세월을 두고 불법이 가르치는 진리에 대해 깊이 숙고해 왔기 때문에 불교야말로 그의 인격의 한 부분을 이루게 되었다. 그 때문에 담마의 가르침에 따라 생각하고 말하고 행동하는 것은 그에게 있어 지극히 자연스러운 일이었다. 그러나 이런 내면적인 고결성이 속세의 비굴한 인습과 천박한 위선에 부딪칠 때 어떤 양상을 보일지는 불문가지의 일이라 하겠다. 다르마빨라의 생애는 자연스럽게 갖가지 양태의 부정, 비리, 불의 그리고 무지와의 끝없는 투쟁이었다. 어떻든 쉘리에 공감하던 사춘기의 소년은 또래의 일반적인 친구들과는 달리 늘 경건하고 금욕적인 삶을 동경하고 있었으며 아라한의 길을 진실하게 추구하는 참 수행자를 마음속에 그리고 있었다.

신지학회와 인연을 맺다

다르마빨라는 마침내 히말라야의 달인파達人派에 가입하기로 마음먹었다.

1884년 1월 콜롬보 신지학회의 요청에 따라 올코트 대령이 스리랑카에 다시 왔다. 평화적인 불교도들의 시위에 가톨릭교도들이 살인적이고 온당치 못한 테러 공격을 감행한 것에 대해 법적 소송을 제기하기 위해서였다. 대령은 그때 학회에 가입신청서를 낸 다르마빨라가 비록 나이는 어리지만 정회원으로 받아들여졌다고 통보해 주었다.

입회 의식은 말리반 거리에 있는 신지학회 임시 본부에서 행해졌다. 이 학회의 회장으로 있던 다르마빨라의 할아버지가 10루피의 입회비를 대신 지불해 주었다.

큰 뜻을 품은 이 젊은 지망자는 고귀한 삶을 살겠다는 자신의 꿈이 실현되어 가고 있다고 믿었다. 그는 점차 신비주의에 매료당하기 시작했다. 올코트 대령과 동행한 블라바츠키 여사가 특유의 묵직하고 꿰뚫는 듯한 시선으로 그를 응시하면서 저 먼 히말라야로부터 신지학회의 운명을 지시하는 신비로운 달인 형제단과 대 스승 K. H와 M

에 대해서 이야기할 때면 붓다의 제자들이라 여겨지는 그 보이지 않는 초인들에 대한 헌신이야말로 곧 자신의 운명이라고 생각하게 되는 것이었다. 여사는 다르마빨라에게 대 스승 K. H.가 시네트Sinnett에게 보낸 편지의 한 구절을 종종 인용해주곤 했다.

궁극적인 완전함을 열망하는 자가 유일하게 귀의할 대상은 부처님 단 한 분뿐이다.

이 말은 그의 일생을 통해 흔들림 없는 좌우명이 되었다.

당시 다르마빨라는 이 러시아 예언자의 영향을 받고 있었으므로 그녀가 K. H에게서 온 편지를 보여주며 함께 신지학 본부가 있는 아디야르[4]로 가서 자신의 제자가 되어달라고 하자 이를 기꺼이 받아들였다. 그는 그것이 히말라야 고승들과 접하면서 자신을 발전시킬 수 있는 더없이 좋은 기회라고 생각했던 것이다. 그해 12월 반대하는 가족들을 설득하여 간신히 허락을 받은 다르마빨라는 신비

---

[4] 아디야르Adyar: 인도 마드라스 근처에 위치한 곳으로 1882년 신지학회의 국제본부가 여기에 설치된 이후 지금까지 계속되고 있음.

주의를 보다 밀도 있게 공부하기 위해 블라바츠키 여사를 따라서 아디야르로 갔다. 그러나 이상스럽게도 그녀는 신비주의를 향한 그의 열정을 고무시키기는커녕 그의 관심을 전혀 다른 방향으로 바꾸어 버렸다.

어느 날 블라바츠키 여사는 그를 방으로 부르더니 "그대의 운명은 신비주의를 공부하는 데 있지 않아요. 앞으로는 빠알리*Pāli* 경을 공부하도록 해요. 거기에 필요한 모든 것이 담겨 있어요. 그리하여 앞으로는 인류의 행복을 위해 일하게 될 것입니다."라고 말하며 그의 앞날을 축복해 주었다.

바로 그 순간 그는 자신의 일생을 붓다의 법을 수호하고 인류의 행복을 위하는 데 바치기로 결심하였노라고 후일 자신의 회상록에서 밝히고 있다. 그는 당시 신지학회의 분위기를 "부처님을 향한 히말라야 스승들의 헌신적 향기로 가득했다."고 전했다.

한편 마드라스의 기독교 선교사들은 올코트 대령과 블라바츠키 여사가 그들이 인도에서 선교 활동을 하는 데 방해가 된다고 판단한 나머지 그녀에 대한 비열한 공작을

진행시키고 있었다. 그들은 여사의 인격을 비난하고 그녀의 영적 능력을 속임수라고 주장했다. 그들은 그녀가 해고시켰던 고용인인 코우럼즈 부부를 매수하여 여사의 필적을 모방한 거짓 편지를 쓰게 한 후 히말라야의 스승에게서 온 편지가 가짜라고 했다. 그 증거라면서 편지를 그들 잡지에 실었다. 이를 반증할 수 있는 자료가 충분히 확보되었는데도 올코트 대령과 일부 회원들은 신지학회의 존립에 말썽의 소지가 될까 두려워 여사를 설득하여 명예훼손 소송을 제기하지 못하게 했다. 그리고 서둘러 그녀를 아디야르에서 떠나게 했다. 일단 여사가 떠나자 그들은 갖가지 구실을 붙여 다시 돌아오지 못하게 손을 썼다.

블라바츠키 여사를 태운 배가 콜롬보에 잠시 정박하였을 때 다르마빨라는 작별 인사를 하기 위해 갑판으로 올라갔다. 이것이 그들의 마지막 만남이었다. 그는 여사의 영적 능력과 인류를 향한 순수한 봉사 정신을 추호도 의심하지 않았다. 그녀와의 만남은 다르마빨라의 삶의 노정에 실로 일대 전환을 가져오는 계기가 되었다. 일생 동안 그는 애정과 감사의 마음으로 그녀에 대한 기억을 소중히 간직했다. 그녀가 타계한 다음, 다르마빨라는 신지학회가 베잔트 부인[5] 지도하에 들어가면서 불교에서 멀어진 채 처음에는 바라문교가 되었다가 나중에는 저급한 사이비 종교로 전락해 가는 모습을 안타까움과 비탄에 찬 눈으로 지켜보아야 했다. 후일 다르마빨라는 앨리스 라이튼 클리더로 하여금 《블라바츠키, 인류를 위한 삶과 활동*H. P. Blavatsky, Her Life and Work for Humanity*》이라는 책을 쓰게 했다. 이 책은 《마하보디 저널》에도 연재되었는데, 여기서 표현된 블라바츠키 여사에 대한 견해는 다르마빨라 자신의 그것과 별로 다르지 않았다.

집을 떠나 브라흐마차리*Brahmachari*가 되다

다르마빨라는 20세가 되었다. 당시 그는 대다수의 스리랑카 불교도들처럼 불교와 신지학회의 관심사는 동일

---

5 애니 베잔트Annie Besant(1847~1933): 힘찬 문필가이며, 자유사상가, 사회개혁가. 신지학회에 들어온 후 유럽, 미국, 호주, 인도 등지에서 강연, 올코트의 뒤를 이어 회장이 되어 리드비터와 같이 인기 있는 신지학 저술을 내어 학회의 국제적 확장에 기여하였다.

한 것이라고 생각했다. 그리하여 그는 블라바츠키 여사가 떠난 몇 달 후, 그의 아버지에게 편지를 드려 자신이 불법의 수호와 번영을 위해 일생을 바쳐 브라흐마차리 생활을 하기로 결심하였으니 이를 허락해달라고 간청했다. 또한 신지학회가 불교를 위해 활동하고 있으니 신지학회 본부에 남아 있도록 허락해 줄 것도 부탁했다.

장남으로서 집안을 돌보아야 할 책임이 있다고 생각하는 아버지였으나 아들의 단호한 결심을 꺾을 수는 없었다. 그의 어머니는 그의 새로운 삶을 격려해주며 돌봐야 할 어린 두 아들만 없다면 그가 택하려는 새 삶에 자신도 동참하고 싶다고 말했다. 이제 그는 가족이라는 울타리에서 벗어나 자유로이 일생을 붓다의 정신에 따라 인류에 대한 봉사에 전념할 수 있게 되었다. 그는 곧바로 신지학회의 활동에 뛰어들었다. 그가 죽은 후에 한 숭배자가 이 시기의 다르마빨라 삶을 생생하게 그린 다음과 같은 조사를 그의 영전에 바쳤다.

그 어떤 것도 그에게는 지나치게 사소하거나 지나치게 중요하지 않았다. 그는 아침에 일어나면 잠자리를 개고 방을 정돈하

고 출근하여 편지를 쓰고 손수 우체국에 갔다. 어떤 사람을 위해서는 통역을 하고 어떤 사람을 위해서는 계획서를 짜주고, 혹은 연설문을 작성해 주기도 했다. 신문에 실을 원고를 작성하고 편집장과 신문의 방침을 토의했으며 사무실을 찾는 사람과 대화를 나누기도 했다. 그는 스리랑카 구석구석까지 편지를 보내어 신지학회 본부를 찾아줄 것을, 그래서 착한 뜻[善意]을 바쳐 대의를 살리는 데 동참하자고 호소했다. 나이가 많거나 젊거나, 학식이 있거나 무식하거나, 부유하거나 가난함에 상관없이 모두가 그에게는 똑같았다. 그는 어느 사람이 공동선을 위해 어떻게 기여할 수 있는지를 본능적으로 알아냈다. 그는 하루 15, 16시간씩 지칠 줄 모르고 일했다. 또한 성격이 쾌활하여 매사에 적극적이고 긍정적이었다. 그의 말과 글은 웅변적이면서도 진실성이 담겨 있어 만나는 사람마다 심금을 울렸다. 이런 정열과 미덕으로 신지학회 불교 본부에서 5년 간 유익하게 보냈다. 그는 이 기간 동안 학교 설립과 불교 포교를 도왔고 새로운 조직으로 사람들을 이끌어 마침내 불교 신지학회는 스리랑카에서 유력한 단체로 자리 잡게 되었던 것이다.

이 말은 다르마빨라의 50여 년 경력 중 그 어느 때에도 똑같이 해당되는 말이었다. 선을 행함에 있어 지칠 줄 모르는 정력, 불법의 포교에 쏟는 쉼 없는 열정은 해가 거듭함에 따라 커져만 갔다.

> 방일放逸한 사람들 가운데서 방일하지 않고
> 모두 잠든 세상에서 홀로 깨어 있는 현자는
> 둔한 말들을 뒤로 제치고
> 준마처럼 앞으로 나아가네.
>
> 《법구경》29게

실론 순례

1886년 2월, 올코트 대령과 영국 출신 신지학회원 리드비터[6]는 불교교육 자금을 모금하기 위해 스리랑카 전역을 순례할 계획을 세우고 콜롬보에 도착했다. 그 때 교육청 서기로 일하던 다르마빨라는 통역자로 그 여행에 동참할 것을 자원했다.

---

6   리드비터C.W. Leadbeater: 영국 성공회의 신부. 올코트 대령을 도와 스리랑카와 인도에서 협회 일에 진력함.

올코트 대령의 이층 마차를 타고 세 사람은 두 달에 걸친 역사적 순례의 길을 떠났다. 턱수염을 기른 대령과 젊고 패기에 찬 젊은이들의 여행은 가는 곳마다 숱한 화제를 남겨 전설적인 명성을 얻었다. 다르마빨라는 여행 중 수많은 사람들의 희망과 두려움, 미덕과 낙담을 접했고 올코트 대령의 당당하고 적극적인 성격을 통해 서양인들의 심리적인 특성을 어렴풋이나마 알게 되었다. 통역자로서 그는 두 세계 사이에 서 있었다. 통역해야 할 것은 언어만이 아니었다. 동양의 지혜와 서양의 현대 지식, 늙고 노쇠한 사람들의 전통주의와 새 세대의 혁신적인 생동력 모두를 수용해야 했다. 내륙 깊숙이까지 파고든 비불교적 서양 관습이 국민정신의 가장 고귀한 것들을 좀먹어 가고 있었고 붓다의 가르침에 대한 주민들의 믿음과 규율은 서서히 무너져갔다. 백인 불교도의 말을 듣기 위해 모인 농부들은 거의 문맹자들이었다. 불교를 옹호하고 전국적인 불교운동을 전개하자는 대령의 열렬한 호소를 그들이 이해할 수 있도록 다르마빨라는 재치와 유머, 소박한 예증을 들어가며 있는 힘껏 통역했다. 이 여행은 다르마빨라의 내적 성장에 많은 도움을 주었다.

아나가아리까 다르마빨라가 되다

다르마빨라의 활동무대는 날로 넓어져 갔다. 그는 할
아버지의 후원으로 올코트 대령과 함께 〈불교출판사The
Buddhist Press〉를 설립하여 리드비터가 저술한 불교도 교
리문답을 싱할리어로 번역, 간행했다. 그밖에도 싱할리
어 불교 주간지 《산다레사Sandaresa》를 창간했다. 《산다
레사》를 통해서는 기독교 선교에 대항하여 더 많은 불교
학교를 설립하도록 교육기금을 모을 것을 설득하는 한편,
영어판 주간지 《불교도》를 통해서는 서양과학과 심리학
에 입각하여 담마[法]를 학문적으로 설명하는 데 중점을
두었다. 영어판 《불교도》는 영어 교육을 받은 상류층에
널리 읽혔을 뿐 아니라 유럽, 아메리카, 인도, 일본, 호주
등 세계 여러 나라로 배포되어 부처님의 말씀을 이 지구
상에 널리 알리는 데 이바지했다. 이 주간지는 뒤에 보다
유명한 잡지가 된 《마하보디 저널MahaBodhi Journal》의 선
도적 역할을 했다.

출판 사업에 대한 열정 못지않게 다르마빨라는 일반
대중을 상대로 하는 설법활동에도 열심이었다. 올코트 대

령의 우마차를 타고 이 마을 저 마을을 지칠 줄 모르고 순회하며 강연을 하고, 불교 인쇄물을 보급했으며 이미 신지학회에 의해 시작된 교육 사업을 위한 기금을 마련하기도 했다. 한편 리드비터는 영어 학교를 설립하였는데, 이 학교는 훗날 스리랑카의 대표적인 불교도학교인 아난다*Ananda*대학으로 발전하였다. 그 외에도 리드비터는 콜롬보의 여러 곳에 많은 불교 일요학교를 설립했다. 데이비드 헤와위따르네가 다르마빨라, 즉 법의 수호자Guardian of the Law라는 이름으로 불리기 시작한 것도 바로 이때부터였다. 이후 이 이름은 전 세계 불교도들의 존경과 찬탄의 대상이 되었다.

일본 방문

1889년 다르마빨라는 올코트 대령과 함께 일본을 방문했다. 당시 일본은 아시아 국가 중 태국과 더불어 유일하게 식민지지배를 받지 않은 국가로 두 사람을 극진히 환대했다.

턱수염을 기른 미국인 신지학자와 깡마른 체구에 금욕적인 생활을 하는 젊은 스리랑카 불교도. 이 두 사람은 여러 강연회와 환영식에 참가하면서 자신들의 방문이 현대 불교의 중흥이라는 위대한 임무를 수행하고 있는 것이며 불교계의 수많은 종파, 그 중에서도 남방불교와 북방불교라는 두 큰 강이 만나는 근 천 년 만의 공식적 해후라는 사실을 잘 알고 있었다.

이들은 수망갈라 나야카 큰스님이 보낸 친선 편지를 일본 종단 대표에게 전했다. 이 역사적 서찰은 아시아 불교도들이 붓다의 정신 아래 하나가 될 것을 제창하고 있었다.

전통적인 불교 도시 교토와 세계에서 가장 큰 청동 대불大佛 그리고 밤이면 휘황찬란한 조명 아래 빛나는 500개의 금불상을 모신 사원 등을 돌아보며 이들은 큰 감명을 받았다. 그 후 그가 일본에 대해 시종일관 보여준 우호적인 태도는 이 당시에 비롯된 것이었다. 그러나 대다수 일본 승려들이 그들의 종교적 의무와 가정생활을 겸하는 것을 보고 크게 놀랐고 또한 불교와 군국주의와의 제휴는 적합한 일이 못 된다고 생각했다.

귀국길에는 일본인 승려 세명이 빠알리어와 상좌부 불교를 배우러 같이 왔는데, 이것은 1889년 6월 중순의 일로 스리랑카에 온 최초의 근대 일본인 유학승이었다.

귀국 후에도 올코트 대령과 다르마빨라는 이전과 다름 없이 불교 신지학회의 일에 몰두했다. 둘은 기차와 소달구지를 번갈아 타면서 스리랑카 섬의 이쪽 끝에서 저쪽 끝까지 일 년 이상을 누비고 다니며 기금을 모으고 학교를 열고 대중강연을 했다. 뿐만 아니라 한편에서 그는 수행에도 전념했다. 〈염처경念處經 Satipaṭṭhāna Sutta〉[7]과 《청정도론淸淨道論 Visuddhi Magga》[8]을 세밀히 연구한 후, 매일 동트기 전에 일어나 규칙적으로 선 수행을 했다. 40년 이상써 온 그의 일기에는 요가수행 뿐 아니라 완전한 정신적 청정을 이루기 위한 부단한 정진과 일체 유정물에 대한 자비심을 일깨우는 쉼 없는 노력이 생생히 담겨 있다. 이 일기를 보면 그가 자신을 돌보지 않고 불교에 바친 저 헌

---

7 염처경: 《중부》에는 〈염처경〉, 《장부》에는 〈대념처경〉이 있음. 4념처를 중심으로 불교 수행법의 핵심을 설한 중요한 경.

8 청정도론: 5세기경 인도의 붓다고사 스님이 스리랑카에서 남방불교를 집대성하여 저술한 고전.

신적인 활동의 밑바탕에 한 수행자의 정지·정념正知正念한 공부의 힘이 저변을 이루고 있음을 알 수 있다.

성지 순례

1891년 1월. 다르마빨라는 인도의 불교성지를 순례하기로 결심했다. 일본인 승려 코젠 구나라트나가 동행을 원해 두 사람의 여행이 되었다. 바아라아나시를 거쳐 사르나트, 즉 25세기 전 부처님께서 성도 후 첫 번째 설법을 하신 성스러운 곳에 도착했다. 그날의 심정을 다르마빨라는 일기에 다음과 같이 기록했다.

애석하도다! 파괴자들의 손에서 사리탑과 조각품을 보존하기 위해 이 성지를 돌보는 불자가 한명도 없다니.

하지만 다르마빨라가 자신의 삶뿐만 아니라 현대 불교 역사 전부를 바꾸어 놓게 될 영감을 얻은 곳은 사르나트가 아니라 부다가야였다. 그때 나이 29세. 오랫동안 꺼져 있던 인도 불법의 횃불을 다시 점화시킬 운명의 아들, 성지를 회복하고 전 세계를 향해 사자후를 토할 바로 그 사람이 지금 부다가야 대탑 앞에 서게 된 것이다. 그날의 일을 그는 이렇게 기록하고 있다.

1월 22일. 아침 식사를 마친 후 두루가 바부와 채터지 박사와 함께 불교도에게는 가장 신성한 곳인 부다가야로 갔다. 가야에서 6마일을 달린 후 성지에 도착했다. 성지 1마일 내에서 깨진 조각품과 불상의 파편들이 여기저기 흩어져 있는 모습을 쉽게 목격할 수 있었다. 마한트*Mahant*[9]의 소유가 된 사원[10] 입구의 기둥 회랑 양면에는 명상하는 자세나, 법을 설하는 형상의 세존상이 조각되어 있었다. 장엄하구나, 보좌에 앉으신 세존의 모습이여! 주위 사방을 온통 신성한 분위기로 물들이는 저 장엄성은 참배자의 마음을 흔들어 감동의 눈물을 자

9 마한트*Mahant*: 힌두교 고위 성직자의 호칭.

10 마한트의 사원: 불교 역사에 유명한 대각사大覺寺 *Maha Bodhi Vihara*를 당시 힌두 성직자가 점유, 관할하고 있는 사실을 빗대어 그렇게 부른 듯. 대각사는 원래 4세기경 싱할라(실론)의 국왕 메가난다가 그 나라 승려들의 편의를 위해 지은 절로, 옛날 당나라나 신라의 스님들도 여기서 지낸 기록이 옛 문헌에 많이 나온다. 대각사의 중심탑인 부다가야 대탑에는 미륵보살이 조성했다고 전해지는 좌불의 화상畵像이 많이 나온다. 높이가 1장 7척 5촌(약 55m).

아내게 한다.

기쁘도다! 부처님이 앉으신 금강보좌[11]에 내 이마를 댔을 때 나는 문득 원을 세웠느니 내 결코 여기를 떠나지 않고 성지를 돌보리라. 이 세상 어느 곳과도 비교할 수 없이 성스러운 석가 왕자께서 깨달음을 성취하신 이곳을 떠나지 않고 지키리라.

나의 생각을 코젠 스님에게 털어놓자 그는 놀랍게도 나와 같은 생각을 했다고 한다. 다른 불교 승려들이 맡으러 올 때까지 거기에 머물 것을 함께 맹세했다.

이런 중요한 결심을 했을 때 사찰의 소유권에 관한 문제를 전혀 생각지 못한 것은 다르마빨라의 특성 중 하나였다. 그는 다만 불교의 성스러운 성지가 수치스럽게 방치된 채 불교미술 조각품들이 도난당하고 불상이 모욕당하는 것을 목격하게 된 것이며, 한 불자로서 그곳에 머물러 성지를 보호하는 것은 의무이자 권리라고 생각했던 것뿐이었다.

그는 20여 년 전에 버마(현 미얀마)의 민돈왕이 건축했다

---

11 금강보좌金剛寶座: 부처님께서 보리수 아래서 대각을 성취하였던 자리. 지금 있는 둥근 대석臺石은 후세에 조성한 것임.

는 버마인을 위한 객사Burmese Rest House의 열쇠를 안내원에게서 받고 짐을 풀자마자 부다가야 사원을 위해 첫 번째 편지를 쓰기 시작했다. 이후 그는 이런 편지를 수천 장, 아니 수만 장은 썼을 것이다. 그 편지에서 스리랑카, 버마, 인도에 살고 있는 많은 사람들에게 성지가 얼마나 황폐해 있는가를 설명하고 불교의 중흥을 위해 거기에 승가를 재건하자고 호소했다. 또한 주간지 《산다레사》와 《불교도》에 싱할리어와 영어로 된 장문의 기사를 실었다.

얼마 동안 답신이 없었다. 자신의 호소가 무시되었을 뿐 아니라 수세기 동안 침체되어 온 불교계가 여전히 마하보디 사원의 운명에 냉담하다는 생각이 들었을 때, 그의 마음은 말할 수 없이 아팠다. 설상가상으로 수중에 돈도 떨어졌다. 그는 며칠 동안 생활할 수 있는 돈 밖에 가져오지 않았던 것이다. 이런 난관에도 굴하지 않고 그는 더욱 굳은 마음으로 성지회복을 포기하느니 차라리 굶어죽겠다고 결심했다. 현실적인 어려움에도 불구하고 보리수 잎 사이로 쏟아지는 달빛에 어린 사원의 장엄한 모습이 별빛 총총한 하늘을 배경으로 우뚝 솟아 있어 그에게 무한한 영감을 안겨 주었다. 그는 이날을 다음과 같이 기록하고 있다.

2월 17일 자정. 생애 처음으로 감동적인 평화를 체험했다. 얼마나 가슴이 벅차올랐던가. 우리 세존의 삶이야말로 고귀하고 고매한 명상의 주제 바로 그 자체인 것이다. 그분이 가르치신 사성제와 팔정도만이 헌신적 제자를 행복하게 만들 수 있으리라.

마침내 그가 그토록 기다리던 편지와 돈이 도착하기 시작했다. 더 이상 그는 냉담한 세상 속에 혼자라고 느끼지 않아도 되었다. 그러나 그는 가야 지방의 세금징수원인 그리어슨을 만나고 비로소 그의 앞날에 놓인 크나큰 장애들과 마하보디 사원에 얽힌 이권에 대해 어렴풋이 알게 되었다. 그리어슨은 마하보디 사원과 사원에서 얻어지는 총수입이 비하르주의 영주인 마한트에게 귀속되며, 정부의 도움을 받는다면 불교도들이 마한트로부터 사원을 살 수도 있을 것이라고 일러주었다. 부다가야에서 6주 이상을 체류한 뒤 다르마빨라는 버마로 가 사찰을 인수할 기금을 모을 생각으로 캘커타로 떠났다. 캘커타는 당시 인도의 정치적, 정신적 수도였다. 다르마빨라는 거기서 벵골인 신지학 회원 바부 닐 무케르지의 집에 머물렀다. 무케르지는 그 후 그의 변치 않는 친구이자 후원자가 되었다. 두 사람은 인도 박물관과 벵골 왕립 아시아 연구원 등 여러 흥미 있는 곳들을 방문했다. 아시아 연구원에서는 티베트 전문가인 사라트 찬드라 다스를 알게 되었다. 또한 《인디언 미러*Indian Mirror*》의 편집인 나렌드라 낫센도 알게 되었는데 그는 수년 동안 인도불교의 중흥을 위해 언제라도 글을 쓸 수 있도록 준비를 해 온 신지학자였다.

바라던 만큼의 모금을 할 수는 없었지만, 그는 버마 랑군에 가서 여러 사람들에게 그의 성지회복 계획을 알리고 지지를 얻었다. 그리고 스리랑카보다 버마인들이 더욱 더 불교적으로 생활하고 있으며 불교 수행법을 잘 간직하고 있음을 발견했다. 그는 큰 희망을 가지고 아디야르를 경유, 콜롬보로 가서 부다가야 반환을 위한 협회를 설립하고자 했다. 마드라스에 도착했을 때, 그는 뜻밖에도 블라바츠키 여사의 사망 소식을 접하게 되었다. 그는 그때의 심정을 다음과 같이 썼다.

참으로 크나큰 손실이다. 정신세계는 가장 소중한 기원자이며, 인도자인 스승을 잃었다. 누가 그분을 대신할 수 있겠는가? 이렇게 빨리 가시다니……. 신지학회가 존속해서 선을 행하려면 비전의 가르침이 중단 없이 전해져야 할 것이다. 그러나 누가 있어 세상과 영적 스승 간의 중개인이 되겠는가?

마하보디 협회를 설립하다

부다가야 마하보디 협회는 1891년 3월 31일 콜롬보에서 처음 그 문을 열었다. 이날 다르마빨라는 그 유명한 보리수 아래에서 그가 신성한 성지를 불교도들에게 되찾아 주리라는 결심을 하게 된 연유를 설명했다. 수망갈라 나야카 큰스님의 축사가 있은 후 이 협회를 이끌어 갈 간부가 선출되었다. 수망갈라 스님이 회장이 되었고 이사장에는 올코트 대령이, 위라세케라와 다르마빨라는 간사로, 그 외 다른 20여 명이 임원으로 선출되었다. 그러나 이 협회의 탄생은 당시에는 세인들에게 별다른 주목을 받지 못했다. 이는 불교재건 기운이 도처에 넘쳐 많은 모임이 생겨났기 때문이다.

다르마빨라는 부처님께서 첫 설법을 하신 아아사알하(āsāḷha- 6, 7월) 보름날에 몇 분의 스님들이라도 부다가야에 머물러 있어야 한다고 생각했다. 그래서 그가 태국 불교계와 버마 불교계에 부탁하자 스님 네 분이 7월 15일 부다가야에 도착하게 되었다. 그들이 도착한 다음 날 저녁 보름달은 밝고 장엄하게 떠올랐다. 7세기 만에 부다가야에 불교의 깃발이 다시 게양된 그때의 감격을 다르마빨라는 다음과 같이 적었다.

은은한 달빛 속에 휘날리는 저 깃발은 참으로 아름답다! 우리의 사명이 원만하게 성취되게 하소서. 승려들이 청정한 삶을 영위하여 중생의 빛이 되고 인도 사람들에게 우리의 신성한 종교가 지닌 진가眞價를 보여 줄 수 있기 바란다. 또 그렇게 될 것을 의심치 않는다. 지난 1월 이곳에 와서 이 신성한 곳을 우리 승려들이 돌보아야 한다고 생각했다. 7개월이 지난 지금, 성공리에 불교 포교단을 창설하게 된 것이 기쁘기만 하다.

이처럼 그는 앞날을 밝게만 보았었다. 버마 객사에 네

승려를 배치하고 다르마빨라는 마하보디 사원 토지 구입에 대해 마한트와 협상을 시작했다. 그때부터 비하르Bihar 지방에서 두 번째로 부유한 대지주와의 어려운 싸움이 시작되었다. 한 쪽은 불굴의 의지로, 다른 쪽은 야비함으로 맞섰다. 게다가 정부의 애매한 정책은 혼란을 더 가중시킬 뿐이었다. 그들이 가장 신성하다고 여기는 성지에다 불교도를 위해 발판을 만들려는 다르마빨라의 외로운 투쟁과정을 어찌 다 이야기할 수 있을 것인가.

마한트는 처음에 그 토지를 내주기로 약속했으나 나중에는 약속 자체를 부인했다. 그러고는 약속했던 땅보다 훨씬 작은 부분만을 제시했다. 이런 상황에서 그리어슨이 개입하여 마한트에게 매매 등기를 연기시킨 다음 다른 땅을 골라보라고 명령했다. 그리어슨의 개입에 화가 난 마한트는 다르마빨라에게 일단 본국으로 돌아갔다가 다시 와서 문제를 토의하는 것이 좋겠다고 말했다. 한동안 팽팽한 의견 대립이 있었으나 다르마빨라는 마침내 마한트를 설득해 징세관이 암시한 땅을 끊어주도록 하는 데 성공했다. 그러나 이번에는 그가 본래 제시했던 땅이 절반으로 줄어들었다. 이런 변덕에 지친 다르마빨라는 〈국제불교협의회International

Buddhist Conference〉를 구성했다. 1891년 10월 31일 부다가 야에서 협의회는 역사적인 출범을 하게 되었고, 다음 날 벵골 부 총독의 성지 방문을 받았다. 협의회 창립회의에 는 스리랑카, 중국, 일본, 방글라데시에서 온 대표들이 참 석했다. 일본 대표들은 일본의 불교도들이 마한트에게서 사원을 살 의향이 있다는 것을 협의회에 통보했다. 이 문 제를 논의한 협의회는 다음과 같은 사항을 결의했다. 즉 협의회에서 대표단을 구성하여 마한트를 방문한 후 협상 할 것, 거기에 불교사원을 건립하는 데 있어서는 모든 불 교국가의 동의를 얻을 것 그리고 불교 포교원을 설립하고 불교 경전을 인도의 각 지방어로 번역한다는 것이었다. 언 제나 일본을 좋게 평가했던 다르마빨라는 보리수 아래 불 교기와 나란히 일장기도 게양했다. 부 총독과 그 일행이 부다가야에 도착하여 이 광경을 목격하자 그들의 마음에 는 러일露日전쟁의 악몽이 떠올랐다. 일본이 인도, 아니 아 시아 전체에 그 야망을 뻗치기 위해 부다가야를 전초기지 로 삼으려 하는구나 하는 의구심이 일어났다. 결국 부 총 독은 불교협의회 대표들과 만나기를 거절하고 그리어슨 을 통한 서신으로 사원은 마한트의 소유이며 정부는 불교

협의회가 마한트로부터 사원을 되찾는 데 있어 조정자의
역할을 할 수 없다고 통보했다.

《마하보디 저널》을 창간하다

마하보디 협회 사무실은 1892년 초 캘커타로 이전되는
데, 그곳 벵골 지식층들은 호의적으로 협회를 받아들였다.
다르마빨라는 그해 5월 《마하보디 저널*Maha Bodhi
Journal*》을 창간했다. 불교국들 사이의 정보교환을 용이
하게 하고 세계적으로 붓다의 진리를 전파하기 위한 매체
로 삼기 위해서였다. 이 잡지는 근 백여 년이 지난 오늘날
까지 끊임없이 계속 발간되고 있다. 창간호는 4절판으로
빽빽하게 인쇄된 8쪽의 잡지인데 부처님이 최초의 제자
60명에게 주셨던 말씀을 그 제사題詞로 삼고 있다.

가라, 너희 비구들이여. 많은 사람의 이익과 행복을 위하여,
세상을 불쌍히 여기고 신과 사람의 이익, 행복과 안녕을 위
하여 떠나라. 오! 비구들이여, 영광된 진리를 전파하라. 청정

하고 완전하며 순결한 삶을 설하라.

《율장》〈대품〉

이 잡지는 다르마빨라가 편집하였고 '하나 된 불교세계'
와 '대승불교 교단'이라는 제목의 글을 창간호에 실었다.

그밖에 올코트 대령이 쓴 '아름다운 불교정신'이란 기
사와 다르마빨라의 사료에 입각한 주석들, 일본과 버마의
불교활동 소식, 독자 투고 그리고 '불교의 소멸 이후 인도
에 불행이 찾아오다'라는 내용의 글을 《인디언 미러》로부
터 전재해 실었다. 또한 인도의 지식층들이 다르마빨라의
견해에 어느 정도 동조하고 있는지도 다루었다. 다음 호
에는 불경 번역과 불교철학에 관한 논문 그리고 동서양의
필자들이 쓴 불교에 관한 논설을 실었다. 불과 몇 달 만에
이 잡지는 아시아뿐 아니라 유럽과 미주 지역에 폭넓은 판
매 부수를 기록했다. 물론 그 과정이 순조롭고 평탄한 것
만은 아니었다. 자금 압박으로 인해 협회의 유일한 일꾼
인 그가 때로는 잡지를 송달할 우표를 살 것인지, 저녁거
리를 살 것인지를 선택해야만 하는 경우도 있었다.

그러나 그는 내가 존재하니 희생도 능히 해낼 수 있지

않느냐고 스스로 위로하며 기쁜 마음으로 희생을 감수하곤 했다.

이 시기 다르마빨라는 바니아푸커 거리에 사는 무케르지 집안 사람들과 저녁을 함께 보내며 새벽 두 시에 일어나 명상을 하고 불경공부도 하면서 막스 뮐러, 에드윈 아놀드 경, 윌리암 헌터 경의 저술을 읽곤 했다. 또한 신지학회와 함께 쓰고 있는 크릭 가 2번지의 마하보디 협회 사무실에 나가 잡지를 편집하고 관리하는 데 열중했다. 방대한 양의 독자편지를 다루고 전 세계 불교도들에게 자금을 요청하고 매주 열리는 공식회의를 준비하며 마하보디 사원을 단지 수입원으로만 삼아 신성을 모독하고 있는 자들로부터 되찾는 성스런 임무에 사람들의 관심을 쏠리게 하는 등, 그는 자신의 생애를 걸고 헌신하였던 그 큰 목적을 위해 지칠 줄 몰랐다. 캘커타와 부다가야를 오가는 바쁜 일정 가운데서도 그는 아디야르에서 열리는 연례회의에 참석하는가 하면 다르질링Darjeeling에서 온 티베트의 불교도들과 친교를 맺고, 그들에게 부처님의 사리, 보리수 잎 및 불교기를 선물하기도 했다.

성지 부다가야의 운명은 아직도 혼미했다. 마한트는 더

욱 완고해져서 버마 객사에서 조용히 경을 읽으며 수행 중이던 스님들을 습격하여 테러를 자행하고 부다가야 지역에 불교 순례자들을 위한 객사의 건립을 절대로 허용하지 않겠다고 선언했다.

이런 황량하고도 치사한 상황 속에 피해자 스님이 보인 자비로움은 한 송이 꽃과 같이 향기로운 것이었다.

그는 폭력을 당하면서도 자신을 지키려는 생각을 하지 않았을 뿐 아니라 병원에 입원해 있으면서도 경찰에 편지를 보내 자신과 동료들은 이 사건에 증인으로 출두하지 않을 것이며, 가해자들이 처벌당하는 것을 바라지 않는다고 탄원한 것이다.

이 편지를 읽은 지방 경찰국장은 큰 소리로 웃으면서 "나는 요즘 인도 승려들을 보면서 스님도 먹고 살기 위해 종교생활을 하고 있다고 생각했는데 스리랑카 스님들은 종교를 실천하고 있구먼." 하고 말했다고 한다. 마한트는 그의 궁전에서 회심의 미소를 지을 따름이었다.

몇 주 후 다르마빨라는 고문 변호사로부터 그 토지에 대한 마한트의 임대기간이 종료되었으며 영구임대를 신청하여 갱신했다는 정보를 접했다. 언제나 낙관적이던 다르마빨라는 상대방이 요구하는 금액만 준비되면 이제 일은 더 쉬워질 것이며, 전 세계의 불자들은 기꺼이 단합해서 그 돈을 각출할 것으로 믿었다.

다르마빨라의 희망을 더욱 북돋는 일이 벌어졌다. 마하 보디 사원은 실제로는 마하보디 동洞에 위치해 있으며, 마 한트 측 사람들이 주장하듯이 마스타푸르 타라디 동네에 위치한 것은 아니라는 귀띔을 받았다. 다르마빨라 일행이 수세관 맥퍼슨을 찾아가 위치문제를 설명하고 또 런던 데 일리 텔레그라프지에 실린 에드윈 아놀드 경의 부다가야 에 대한 최근 논설에 대해서도 언급하면서 협조를 요청하 자, 수세관은 다만 모든 문제는 될 수 있는 대로 조용하게 처리하는 것이 좋겠으며 협상은 다르마빨라가 시카고에 다녀온 뒤로 미루는 것이 좋겠다고 말할 뿐이었다.

이제 그는 다른 곳으로 발걸음을 옮기지 않을 수 없었 다. 부처님의 자비로운 메시지를 바다 건너 아직도 그것을 모르고 있는 사람들에게 전할 때가 온 것이다.

시카고의 '세계종교대회'

세계종교대회가 1893년 시카고에서 열렸다. 이는 19세기 말 가장 중요한 행사 중 하나였다. 50년 전만 해도 심원한 동양의 종교들이 존재하는지조차 몰랐던 일반인들의 무지와 기독교의 영향으로 인해 이런 모임은 상상도 할 수 없었다. 당시 중국에서 이와 같은 대회를 주관했던 선교사들은 다른 선교사로부터 '삿된 종교와 놀아나는 것'이며 '예수에 반역한다'는 죄명으로 종교 재판소에 고발당했던 것이다. 그러나 이제 세계의 다양한 종교들이 학자에 의해서가 아니라 실제 그것을 믿는 사람들에 의해 알려질 기회가 무르익고 있었다. 그래서 콜롬비아 박람회 회장이 임명한 특별위원회가 세계종교대회 개최 안을 발표했을 때에는 별 무리 없이 받아들여지게 된 것이다.

위원회 의장인 버로우 박사는 이전에 《마하보디 저널》을 몇 권 받아 보았으며 다르마빨라와 서신 왕래가 있었다. 이런 인연으로 그를 남방불교의 대표자로 초청했던 것이다.

평소의 겸손함 그대로 다르마빨라는 자신이 과연 그런

엄청난 모임에 나가서 법을 설할 수 있을지 망설였다. 그러나 친구들은 그가 꼭 가야 한다고 우겼다. 그 중에 한 사람은 백 마디 학자의 말보다는 부처님 말씀의 진리성에 대한 살아 있는 확신이 더 무게 있는 것이라고 주장했다. 그런 확신이야말로 다르마빨라를 살아 숨 쉬게 만드는 원천적 힘이었던 것이다.

고심 끝에 그는 초청을 받아들이기로 결정했는데, 여행길에 일본과 중국에 들러 협회를 위해 더 큰 일을 할 수 있으리라는 생각이 작용했다. 다만 올코트 대령만이 인도 내에 할 일이 산적해 있는데 시간을 허송하는 짓은 하지 말라고 반대했다. 그러나 이미 그 즈음에는 다르마빨라도 스스로 결정을 내리는 데 익숙해져 있었으며, 오히려 대령은 자기주장을 거두고 이번 대회에 같이 참여하게 된 베잔트 부인에게 잘 부탁한다는 편지를 쓰겠다고 약속했다.

이렇게 하여 그는 부처님 진신사리와 불상, 다섯 가지 계율[五戒]이 적힌 무료배포를 위한 인쇄물 2만부를 준비하여 야자수 우거진 해안을 뒤로한 채 스리랑카 항구를 떠났다.

시카고 대회에 가는 뱃길은 지브롤터 해협을 지나 영국

을 경유했다. 영국의 첫인상은 나뭇잎 무성한 경관 때문에 아름답다는 느낌을 받았다. 신지학회의 사실상 본거지이기도 한 영국이었기 때문에 관계 인사들은 다르마빨라를 맞이하는 데도 세심한 사전준비와 배려를 아끼지 않았다. 여기에는 틀림없이 올코트 대령이 미리 귀띔을 해서 이 젊은 마하보디 협회 창설자가 이젠 신지학회의 통제를 못마땅해 한다는 사실을 통보한 탓도 있었을 것이다. 하여튼 그는 영국 땅에 상륙하면서, 그가 '영국 스승'으로 우러러보던 《아시아의 빛》의 저자 에드윈 아놀드 경의 영접을 받는 데서 시작하여 그의 소개로 인도 식민성의 킴벌리 경을 만나는 등 환대를 받았다. 신지학회의 리드비터는 그를 베잔트 부인에게 소개시키고 그 밖의 많은 신지학회 지도자들을 만나게 해주었으며 런던 관광을 시켜주었다. 그리고 빠알리어 대가인 리즈 데이비즈를 방문하고 대영박물관을 관람시키는 등 빈틈없는 일정을 마련했을 뿐 아니라 히말라야의 스승이 다르마빨라를 위해 쓰라고 보낸 돈이 도착해 있다고 얘기해 주었다.

베잔트 부인은 스승의 분부뿐 아니라 대의 때문에 자기도 블라바츠키 부인이 생전에 명확히 말했듯이 다르마빨라를 돌보아야 한다고 말했고, 젊은 다르마빨라는 자연히 이런 말에 감명 받아 일기에 베잔트 부인이 어머님 같다고 쓰고 있다.

시카고에 도착한 다르마빨라는 이 대회에서 가장 인기 있는 연사 중 한 사람이었다. 그의 연설은 깊은 감명을 주었다.

그가 공식석상에 처음으로 모습을 드러낸 것은 혼잡한 첫 부분의 일정이 끝날 무렵이었다. 화려한 민족의상과 장엄한 제식복祭式服을 차려입은 많은 종교 대표자들에게 둘러싸여, 그는 콜럼버스 홀에 모인 4천여 명의 청중들에게 4억 7천5백만 불교도를 대표하여 축원하고 평화의 메시지를 전했다. 그에 관한 인상을 당시의 신문에서 엿볼 수 있다.

넓은 이마, 뒤로 넘긴 굽슬굽슬한 검은 머리, 청중을 주시하는 예리하고 맑은 눈, 힘차게 울려 퍼지는 음성, 이야기를 강조할 때면 으레 치켜드는 갈색의 긴 손가락. 그는 바로 전형적인 전법사의 모습이었다. 청중은 이 사람이 바로 붓다의 모든 제자들을 하나로 뭉치게 하고 아시아의 등불을 온 문명 세계에 전파하는 운동의 선구자라는 사실에 더욱 감동했다.

《세인트 루이스 옵저버》. 1893년 9월 21일자

그의 연설은 조금도 지루하지 않았다. 또 다른 종교 대표들처럼 수사적인 표현이나 현란한 언어를 사용하지 않았으며 불경의 구절을 의도적으로 인용하지도 않았다. 그는 다만 붓다의 겸손한 대변자로서 이들에게 삶의 문제를 해결하는 방법을 전하려고 했을 따름이었다. 기교 없는 그의 연설에 청중들은 매료당했다. 철학과 비교종교학에 일생을 바쳤던 뉴욕의 스트라우스는 그의 연설에 감명을 받아 미국 최초의 불교도가 되었다. 이후 그는 다르마빨라의 헌신적인 친구로 마하보디 협회의 든든한 후원자가 된다.

대회 마지막 날 쯤에는 많은 관심이 다르마빨라에게 쏠렸다. 스리랑카에서 온 이 젊은 법사에 대한 인상이 너무 강렬하여 힌두교를 대표한 비베카난다가 고상하지만 정열적인 오셀로에 빗대어진 반면 다르마빨라는 예수 그리스도에 비견되었다. 어떤 기독교의 대표자도 이런 아낌없는 찬사를 받지는 못했다.

그의 부드러운 성품과 뛰어난 명성이 널리 퍼져나가자 애시니움 빌딩에서 불교와 신지학에 관해 강연한다는 간단한 발표만 듣고도 강당이 넘쳐 날 정도로 사람들이 몰려들었다.

이제 그는 미국에서도 부처님의 가르침을 전파할 수 있다는 확신을 갖게 되었고, 2년 후 다시 이곳에 와 불교를 자리 잡게 하겠다고 결심했다.

폐회식에서 행한 연설을 보면 그가 서구인에게 전하기를 갈망한 메시지가 잘 드러나 있다. 뿐만 아니라 그 자신이 바로 그 메시지의 주인공이라는 것을 알 수 있다.

편견 없이 생각하는 방법을 배우십시오. 사랑 그 자체를 위해 일체중생을 사랑하십시오. 여러분의 확신을 주저 없이 말하고 청정한 삶을 사십시오. 그러면 진리의 빛이 그대로 여러분을 밝혀줄 것입니다. 만일 여러분이 추구하는 진리의 길을 신학과 교리가 막는다면 얼른 치워 버리십시오. 진지하고 부지런히 구원을 향해 노력한다면 여러분의 삶은 분명 청정한 결실을 맺게 될 것입니다.

메어리 포스터 부인을 만나다

세계종교대회는 9월 27일 폐회되었다. 다르마빨라는 오클랜드와 샌프란시스코에서 여러 차례 강연을 한 후 일본과 중국을 거쳐 인도로 가는 뱃길에 올랐다. 호놀룰루에 들렀을 때 마르케 박사와 두 명의 여성 신지학 회원들이 그를 맞으러 갑판에 올라왔다. 그들은 다르마빨라에게 아름다운 남태평양의 꽃과 과일을 선물했다. 방문자 중 한 사람은 쉰 살 정도의 뚱뚱한 부인이었다. 그녀는 자신의 성질이 너무 격렬하여 때로는 지나칠 정도로 폭발하므로 주위 사람들에게 고통을 주고 있다고 솔직히 털어놓으면서 어떻게 하면 나쁜 버릇을 고칠 수 있겠느냐고 물었다. 불교 수행자로서 다르마빨라는 그녀에게 자신의 마음을 들여다보는 관법觀法수행을 일러주었다. 그 후 그녀는 이 방법대로 노력한 결과 마침내 자신의 성질을 완전히 고치는 데 성공했다.

메어리 포스터라는 이 부인은 하와이의 카메하메하 대왕의 직계 후손이었다. 단 몇 분밖에 안 되는 만남이었지만 그녀는 다르마빨라의 법문에 깊은 감명을 받았다. 그

후 그녀는 다르마빨라의 가장 아낌없는 후원자가 되었고 그녀의 기부금은 백만 루피에 달했다. 지금 캘커타에 있는 마하보디 협회 본부 빌딩의 구입을 위시하여 인도, 스리랑카 그리고 영국에서 사원, 수도원, 학교, 병원, 포교당, 그 밖의 여러 기관들이 그녀의 도움으로 건립되었다. 그래서 오늘날 그녀의 이름은 부처님의 대 시주였던 아나아타삔디까*Anāthapiṇḍika*, 위사아카*Visākha* 등의 이름과 더불어 가장 헌신적인 후원자로 기억되고 있다. 그리고 앞으로도 다르마빨라의 이름만큼이나 오랫동안 불교도들의 마음에 남을 것이다.

일본, 태국, 인도 방문

10월 마지막 날 아침에 다르마빨라는 요꼬하마에 도착했다. 저녁 쯤 동경에 도착하자 도구치와 호리우치 그리고 백 명에 가까운 젊은 승려들이 그를 영접하기 위해 역에 모여 있었다. 그는 일본 사람들에게 부다가야 사원을 도둑들의 손에서 구해내는 사업이 불자들에게 얼마나 큰 사명인지를 인식시키고자 노력했다. 그는 그들이 열정적이고 헌신적이며 지극한 자기희생을 할 수 있는 사람들이라고 생각했다. 그 옛날 걸어서 부다가야를 찾았던 동방의 순례자들은 지금 그가 스리랑카에서 시카고를 거쳐 모셔온 이 굽타*Gupta*시대의 불상 앞에서 넘쳐나는 신심을 가누지 못해 정신없이 엎드리곤 하지 않았던가!

그러나 여러 종파의 고승들과 일본 귀족들이 보여준 관심에도 불구하고 그의 노력은 눈에 띄는 성과를 거두지 못했다. 일본 승려들은 회합을 가진 후 2년 후에나 2만 엔을 모금할 수 있겠다고 그에게 알려 왔다. 그것은 그런 큰 나라에 비하면 너무도 적은 액수였다. 비로소 다르마빨라는 그가 일본에서 시간을 낭비하고 있다는 것을 깨달았다. 더구나 그 굽타시대 불상의 관리권을 둘러싸고 승려들이 벌인 입씨름, 그 신성한 불상을 흙으로 모형을 빚어 독점 판매하기 위해 벌이는 실랑이 짓을 지켜본다는 것은 참으로 고통스러운 일이었다. 인도가 그를 더욱 필요로 하고 있다는 생각에 그는 6주간의 체류를 끝내고 12월 15일 일본을 떠났다.

곧 그에게 불교왕국인 태국을 방문하여 도움을 청해야

겠다는 생각이 들었다. 상하이에서 그는 도움을 받아 중국 불교도들에게 보내는 서신을 썼다. 그리고 기독교 선교사인 티모시 리챠드 박사의 통역으로 오메이Omei산에 있는 사원에서 그곳 승려들에게 강연을 하고 그들에게 보리수 잎과 불사리를 선물로 주었다. 태국에서도 일본에서나 마찬가지로 구체적 성과를 거둘 수 없었다. 왕실의 몇몇 사람들이 관심과 열정을 보였고, 외무 장관 데바봉세 왕자Prince Devavongse가 호감을 나타냈지만 대부분의 사람들은 종교 문제에 냉담했고 포교에도 무관심했다. 그는 일기에 이렇게 기록하고 있다.

이 남방불교 나라에서 진정한 불교정신은 이미 사라졌고 생명 없는 시체만이 보일 뿐이다.

태국에서 3주를 바삐 보내고 나서 그는 방콕을 떠나 싱가포르로 향했고, 2주 후 콜롬보에 도착했다. 그는 세계 일주를 한 첫 번째 스리랑카인이었고, 더욱 중요한 것은 부처님의 메시지를 가지고 세계를 일주한 최초의 불교 포교사였다는 점이다. 뜨거운 환영이 그를 기다리고 있었다. 부두에 모여 있던 군중들은 그들의 영웅이 조국의 땅을 다시 밟는 순간 하늘을 가르는 천둥소리로 "사아두Sādhu[12]!"라고 외쳤다. 코끼리, 고수鼓手들, 황색승복 입은 승려들로 구성된 장대한 행렬에 떠밀려 그는 말리가칸다에 있는 비됴다야 강원으로 갔다. 그곳에서 그의 스승인 수망갈라 나야카 마하테라가 그를 축복 속에 맞아 주었다.

그러나 스리랑카에서 그가 보낼 수 있었던 시간은 매우 짧았다. 인도에서의 사업이 그를 기다리고 있었기 때문이다. 콜롬보, 캔디, 칼루따라 등지에서 그의 시카고 방문 경험과 부다가야 회복계획에 대해 연설을 한 뒤 그는 마드라스로 출발했다. 아디야르에서 그는 올코트 대령을 만났다. 그는 미국 신지학회원들의 지도자인 저쥐W. Q. Judge가 스승들의 메시지를 위조한 이유로 탄핵될 것이라고 다르마빨라에게 일러 주었다. 화합이 잘 이루어지기를 바라던 다르마빨라의 희망은 결국 어그러지고 말았다. 왜냐하면 저쥐와 그의 추종자들의 탈퇴로 종국에 가서는 신지학 운동이 적대하는 여러 그룹으로 분열되고, 아디야르 본부

---

12 사아두sādhu: 훌륭합니다, 잘 하셨습니다의 뜻.

가 베잔트 여사와 그 추종자들에 의해 기괴한 놀음판으로 전락하게 되는 시발이 되기 때문이었다.

3월 마지막 날 캘커타에 있는 그의 친구들이 스와미 비베카난다의 소식을 듣기 위해 그에게로 모여들었다. 그는 일기에 간결하게 '나는 그들에게 그의 영웅적인 활동과 미국에서 불러일으키고 있는 커다란 반향에 대해 이야기해주었다.'라고 기록했다.

다른 종교지도자들과 다르게 다르마빨라는 경쟁의식이나 적대감이 없었고, 같은 분야에서 활동하고 있는 사람들의 장점을 항상 파악하려고 노력했다. 4월 11일에 드디어 그는 가야에 도착했다. 그는 마하보디 사원 위층에 봉안하기 위해 7백 년 된 아름다운 일본 불상을 모셔온 것이다. 그런데 이 불상은 그 후 여러 해 동안 부다가야 소동에 있어 태풍의 눈이 되어 버렸다.

가야의 수세관인 맥퍼슨에게 힌두교도들의 여론을 끌어보라는 충고를 받고, 다르마빨라는 그들의 본거지인 바아라아나시를 찾아 그곳 인도 바라문 학자들의 의견을 들었다. 그러나 불교에 대한 그들의 증오는 여전하여 부처님은 힌두교의 비슈누 신의 화신이기 때문에 부다가야 사원은 힌두교의 성지이며 따라서 불교도들은 그 곳에 대해 아무런 권리도 없다고 강조할 뿐이었다. 마한트도 물론 같은 생각이었으며 일본 불상을 그곳에 두는 것은 신성 모독이라는 이유를 들어 반대했다. 더구나 그는 만일 다르마빨라가 부다가야로 그 불상을 기어이 가져온다면 5천 명의 사람들을 매복시켜 그를 죽일 것이며, 이런 목적으로 10만 루피의 경비를 쓰겠노라고 위협했다. 충돌은 다르마빨라가 기금을 모으기 위해 스리랑카에서 몇 달을 보내고 1년 뒤에 기어코 벌어졌다. 다르마빨라는 1895년 2월 25일 일기에 이렇게 기록했다.

새벽 2시에 일어나 얼마 동안 명상을 했다. 어제 보리수 아래에서처럼 나의 마음은 일본 불상을 마하보디 사원으로 가져가라고 독려했다. 승려들을 깨우고 한동안 앉아 명상을 하도록 했다. 그런 다음 우리는 아침 일찍 불상을 가야에서 부다가야로 옮길 것을 결의했다. 침묵 속에 나는 일곱 번 거듭해서 부처님을 위해 내 목숨을 바칠 것을 맹세했다. 동트기 전에 불상을 싸서 7시에 부다가야로 출발했다. 그곳으로 가는 도중에 두 명의 회교도들을 만났다. 도착하자마자 불상을 담은 상자를 마하보디 사원 위층으로 모셔갔다. 우연의 일치로 그 두 명의 회교도들이 그곳에 있었고 불상을 놓는 것을 목격했다. 나의 친구 베핀 바부Bepin Babu도 그곳에 있었다. 우리가 촛불을 켜려고 할 때 마한트의 힌두교 수도사들과 회교도 무크티아르Muktiar가 올라와 위협하며 불상을 제거하라고 명했다. 정말로 고통스러웠다. 불교도들이 자신의 사원에서 예불하는 것조차 허용되지 않다니. 큰 소동이 있었다. 마한트는 가야로 급히 떠나버리고 저녁에 수세관 맥퍼슨이 경위를 조사하러 왔다. 몇몇 목격자들이 조사를 받았다. 그는 그곳을 떠나며 크나큰 신성모독이 그 사원에서 저질러졌다고 말하며 우리 일행을 보호해달라고 감시관에게 부탁했다. 우리는 사원 옆 버마 객사에 머물렀다.

다르마빨라는 여기에 40, 50명이나 되는 힌두교 수도사들이 곤봉과 막대기로 철저히 무장하고 있었다는 것과 그가 심하게 모욕당했다는 것 그리고 고대 일본 불상이 곤두박질쳐 뜰 아래로 내던져졌다는 사실을 언급하지는 않고 있다. 그러나 이런 난폭한 행위에 대한 소식은 즉시 전 불교계에 퍼졌고 도처에 분노의 소리가 높아갔다. 드디어 맥퍼슨의 충고에 따라 소송을 제기하게 되었다. 맥퍼슨은 사원이 불교도들의 숭배 장소로 계속 이용되어 왔고 반면에 마한트나 그의 제자들을 포함한 힌두교도들은 그곳에서 신을 섬기지 않았다는 사실과 마한트가 사원의 소유주라는 증거는 전혀 없다는 판단하에 사법권이 있는 가야 행정장관의 자격으로 피고들에게 유죄판결을 내리고 한 달의 금고형과 더불어 각 사람에게 100루피씩의 벌금을 선고했다. 이런 판결은 마한트의 부하들이 제소했던 지방법원에서는 확인되었으나 고등법원에서는 두 재판관 모두가 다르마빨라에게 특별한 적개심을 가지고 있던 터라 파기되고 말았다. 그 재판관들은 생색이나 내는 듯이 그 사원을 마한트가 소유하고는 있지만 그곳이 불교사원에서 힌두교사원으로 이적된 일은 없다는 점을 인정해주었으며, 이전에 불교 참배자들과 마한트 및 그 부하들 사이에 권리문제로 서로 침해한 일이 한 번도 없었다는 사실을 언급했다. 위해를 가한 것에 더해 모욕마저 안겨주려는 듯 인도 정부는 다르마빨라에게 버마 객사에서 일본 불상을 치우라고 명했다. 그러나 이런 강압적인 조처에 대해 스리랑카와 버마에서 분개의 원성이 높이 일자 결국 그 명령은 철회되었다.

1897년 마한트는 다시 공격을 시작했다. 그는 강력한 대지주들의 조직인 영인英印협의회를 통해 불상의 제거를 진정했다. 그것은 고등법원에서 힌두사원이라고 판결된 부다가야 사원 근처에 그 불상이 있다는 것을 힌두교도 들이 불쾌하게 생각한다는 근거에서였다. 그러나 정부는 이런 청원을 인정하지 않고, 사원을 순수하게 힌두교의 성지로 취급하려는 어떤 주장도 인정할 수 없으며, 동시 에 마한트의 위치에 대해서도 간섭할 의향이 없음을 밝혔 다. 이후 몇 년 동안 그 불상은 그곳에 안치된 채 수망갈 라의 예불을 받으며 무사했고, 그동안 다르마빨라는 외국 에 부처님의 법을 널리 퍼뜨리는 일에 몰두할 수 있었다.

두번째 미국 방문(1896~1897)

1891년 다르마빨라의 출현과 1892년의 마하보디 저널 의 창간 그리고 1895에서 1896년까지 이어진 부다가야 소송 사건으로 벵골의 식자층은 불교에 대해 더욱 호의적 으로 변했다. 이런 기운을 타서 다르마빨라는 인도의 중

심지 캘커타에서 마침내 웨사아카 축제를 개최하는 데 성공했다. 1896년 5월 26일, 그것은 인도에서 부처님의 법이 쇠퇴한 12세기 이후 무려 7백여 년 만에 최초로 거행된 조직적 불교행사였다. 따라서 몇 주 뒤 다르마빨라가 미국 마하보디 협회 설립자인 폴 캐러스Paul Carus 박사의 초청으로 미국으로 떠났을 때, 그는 비록 마하보디 사원이 아직 이교도들의 수중에 있긴 하지만 그의 노력이 전혀 결실이 없었던 것은 아니라고 생각했을 것이 분명하다.

런던에서 그는 에드윈 아놀드와 함께 식사를 하고, 리즈 데이비즈 교수를 다시 만나보았으며, 옥스퍼드 대학의 존경받는 동양학자인 막스 뮐러 교수를 방문했고, 또한 신지학회와 하이드 파크에서 강연도 했다. 미국에서 보낸 일 년은 더욱 바쁜 나날이었다. 그는 뉴욕, 시카고, 샌프란시스코, 아이오와 시티, 그 밖의 여러 대도시를 방문했다. 그는 가는 곳마다 순수한 부처님의 법法을 전했고 불경을 보급했다. 또한 불교심리학과 수행법의 깊은 뜻을 설명해 주어 미국 사람들이 그 당시 빠져 있던 상업화된 사이비 동양 신비주의의 정체를 드러내 주었다. 무엇보다도 그는 청중에게 '신성하고 순수하며 청정한 생활'을 하도록 권했다. 그의 일기에는 이렇게 기록되어 있다.

격정의 노예들, 천박한 감관에 지배당하여 육욕에 빠진 자들. 이들 사이비 그리스도 교인들은 서로를 죽이고, 미워하고, 속이며, 술과 악을 모르고 지내던 곳에 이것들을 끌어들이는 짓거리를 하면서 살아가고 있다. 격정의 노예인 주제에 그들은 타인을 자신의 그리고 자기네 악의 노예로 만들고 있는 것이다.

다르마빨라 자신도 미국여행에서 전혀 유혹을 겪지 않았던 것은 아니다. 몇 명의 미국 여자들이 이 멋있는 젊은 고행자의 마음을 끌어보려고 했지만 그의 청정한 인품을 범하려는 시도는 모두 무위로 돌아갔다. 그들은 듣고 싶었던 달콤한 말 대신에 그의 깨끗한 입에서 나오는 부처님의 말씀만 들었을 뿐이다.

1897년 5월에 미국에서 처음으로 뉴욕에서 웨사아카 축제를 개최했다. 그 의식은 임시로 마련된 불교성전에서 거행되었고, 4백 여 명의 사람들이 참석했다. 37조도품助道品[13]을 상징하는 37개의 촛불이 불상 앞 재단에 밝혀지

자 다르마빨라는 불교에 대한 설법을 하고, 옛 종려 나뭇잎 경책(패엽경)을 펴고 〈마하망갈라경 *Mahā Maṅgala Sutta*〉[14]을 독송했다. 미국에서 다양한 종교 활동을 실천한 가운데도 그는 벵골의 고통 받는 사람들을 결코 잊지 않고 마하보디 기근 구제사업 기금을 모으는 일에도 시간을 할애했다. 실제로 그의 에너지는 쇠진하는 법이 없었고 일 년 동안 그처럼 줄기차게 포교 활동을 벌이고 난 후에도 오히려 더 왕성한 계획을 세웠음을 일기에 적고 있다.

11월에 미국을 떠나 런던으로 가고 그곳에서 파리, 베를린, 로마를 거쳐 스리랑카로 가야겠다. 부모님을 만나 뵙고, 섬 전체를 돌며 청정한 삶을 전파하고, 모든 승려들에게 선정禪定수행을 행하도록 촉구하리라. 그런 후 캘커타와 카필라바스투를 지나 다르질링으로 가고 그다음 성스러운 스승을 찾아

---

13 37조도품助道品: 초기 불교에 있어서 깨달음에 이르는 37가지 수행방법. 사념처四念處, 사정근四正勤, 사여의족四如意足, 오근五根, 오력五力, 칠각지七覺支, 팔정도八正道가 이에 해당한다. 37菩提分法, 37覺分, 37道品 등으로도 불린다.

14 〈마하망갈라경 *Mahā Maṅgala Sutta* 大吉祥經: 《숫따니빠아따》(258~269)와 《소송경》에 실려 있는 경으로 인천人天의 참된 행복을 설함.

서 티베트로 가리라. 가능하다면 거기서 북경으로 가서 일본을 거쳐 미국으로 돌아올 수도 있을 것이다. 죽음 따위는 아무 것도 아니다. 과거에 나는 이미 백만 번도 더 죽었고 앞으로도 백만 번은 죽을 것이다. 나는 이 위대한 사업을 해낼 것이며 그래서 이 세상을 무지와 이기심, 욕망의 악에서 건져내리라.

신지학회에서 탈퇴하다

파리에서 다르마빨라는 동양학자 회의에 참석했고, 1897년 9월 14일 프랑스 기메 박물관에서 불교도 평화 축전을 열었다. 런던에 잠시 머물게 되었는데 그곳 신지학 회원들은 다르마빨라가 이젠 그들의 지도에서 완전히 벗어나 있는 것을 알아차리고 잘난 체하는 사람을 보듯 그를 대하는 것이었다. 그는 취리히와 플로렌스를 거쳐 로마로 향했다. '로마 가톨릭 미신의 본거지. 엄청난 부富.' 그는 성 페터 성당을 그렇게 일기에 표현했다. 왕자처럼 호화스럽게 생활하던 어떤 추기경이 그에게 로마교황을 알현하게 해 주겠다고 약속했을 때, 태양이 그 빛을 감추지 않듯 속을 감출 줄 모르던 다르마빨라는 그가 교황을 만나게 되면 유럽 문명이 스리랑카에 선물한 술주정 버릇에 대해 얘기할 것이며 스리랑카의 천주교도들에게 불교도들과 화합하여 지내도록 타이르는 편지를 써달라고 하겠다고 말했다. 이 말에 혼비백산한 성직자는 교황 알현을 취소해 버렸을 뿐 아니라 다시는 다르마빨라를 만나려 들지 않았다.

스리랑카에 돌아왔을 때, 이 외로운 투사는 신지학회의 한 파벌이 마하보디 협회와 대립하고 있다는 것을 알았다. 그는 불교와 애니 베잔트의 신新바라문교가 양립될 수 없다고 느끼고 올코트 대령에게 실론 불교 신지학회의 명칭에서 신지학이란 단어를 빼는 것이 어떻겠느냐고 제안했다. 이런 제안이 주제넘다고 생각한 올코트 대령은 몹시 화를 내어 스리랑카에서 다르마빨라의 모든 활동을 저지하려 시도했다. 그의 옛 제자인 다르마빨라는 유감스럽게도 노인이 그의 성공을 시기하고 있으며 아디야르에서 자신의 세력을 유지해 보려는 초조감에 애니 베잔트와 그녀의 추종자들이 부처님과 부처님의 가르침을 그곳에서 몰아내는 것을 묵인하려 한다는 결론에 도달했다.

그리고 몇 년 후에야 그는 신지학회에서 탈퇴했다. 그리고 올코트 대령이 사망하고 애니 베잔트가 회장이 되었을 때, 그는 그녀와 리드비터가 학회활동을 이상한 방향으로 이끌어가는 것에 가차 없이 공격을 가하곤 했다.

스리랑카에서 활동하는 동안 1898년 한 해가 지났다. 이미 실론 사람들의 인기 있는 영웅인 다르마빨라는 또다시 우마차를 타고 마을에서 마을로 순례를 시작하여 마침내 온 섬에 이르렀다. 민족의 종교와 문화를 옹호하려는 그의 열정은 다시 한 번 나라 이 끝에서 저 끝까지 파급되었다. 그는 서양의 대학교육 체제가 장점도 있지만 윤리적 가치를 결하고 있으며, 마음이 가지고 있는 무한한 잠재력을 개발시키지 못한다고 생각했다. 그래서 그의 부친을 설득하여 콜롬보 근처에 부지를 사서 실론 윤리심리학대학을 설립했다. 교육과정에는 참배와 명상 그리고 비교종교학도 포함되었다. 또한 여성 출가자(계행녀)들을 대상으로 사회사업 교육을 시킬 목적으로 상가밋따 수도원을 건립했다. 실론까지 다르마빨라를 수행했던 미국인 불교 개종자 카나바로 백작 부인은 그 수도원과 부속 고아원 및 학교의 관리를 맡았다.

인도 여행

스리랑카에서 해야 할 일이 많이 남아 있었기 때문에 다르마빨라는 1899년 초에야 인도에 갈 수 있었다. 캘커타에서 두 달을 보낸 뒤, 그는 장기계획으로 인도 북부여행을 떠났다. 넉 달 동안 1500마일 이상을 다녔던 그 여행은 이렇게 묘사되었다.

나는 순례자로서 여행하며 편안 따위는 돌아보지 않았다. 고행자, 수도승, 힌두교 순례자 그리고 3등 차의 승객들과 중간계층 사람들 틈에 섞여 때로는 가장 보잘 것 없는 음식을 먹고 빈민들과 섞여 잠들었다. 그 가운데 나는 극심한 무지와 미신 그리고 가난으로 고통 받는 빈민계층의 특성에 대한 통찰력을 얻을 수 있었다.

동정심 많은 그가 그와 함께 지냈던 대중의 고통을 얼마나 예민하게 받아들였는지는 사하란푸르에서 보낸 공개장 발췌문만 봐도 잘 알 수 있다.

눈을 뜨고 보라. 1억 4천백만 명의 울부짖음 소리를 들어보라. 그들의 눈물이 그대의 메마른 가슴을 적시게 하라. '신의 섭리'가 그대들을 돌보리라 생각하지 말라. '전능자'는 그대들의 시계로 시간을 셈하지 않는다. 그에게는 '천 년 세월이 한 시간'에 불과하니 합장하고 기다린들 어리석은 짓일 뿐이다. 깨어나라, 나의 형제들이여. 이생의 삶이란 정녕 짧으니 허망한 철학과 타락을 가져다주는 의식儀式을 버려라. 수백만의 사람들이 날마다 굶주림으로 고통받으며 신음하고 있다. 숲 속의 동물들조차 마시지 않을 물을 마시고, 형편없는 집에서 잠자고 생활하며 매일같이 독을 빨아들이고 있다. 인도에는 이 모든 사람들을 배부르게 할 충분한 부가 있다. 그러나 카스트와 썩은 종교의식의 추악한 짓거리가 수백만 사람들에게 고통을 주고 있는 것이다.

펀잡에서 캘커타로 돌아오자마자 그는 남인도로 와 달라는 초대장을 받았다. 그곳에서 그는 불교에 대한 강연뿐 아니라 대중을 교육시킬 필요성과 불가촉천민들의 모든 자격박탈을 철폐할 것을 강조했다. 그리고 마드라스에 마하보디 협회의 지부가 설립되자, 카스트와 종파의 차이가 어느 지역보다 두드러졌던 남부지방에 부처님의 진리의 깃발이 확고히 세워지게 되었다.

세 번째 미국 방문 (1902~1904)

1902년부터 1904년까지 그는 다시 미국에 머물렀다. 그곳에서 그는 두 번째 방문 기간에 시작했던 운동을 활발히 계속했다. 전처럼 그는 가르치는 것뿐 아니라 배우는 것에도 열성이어서 연구소와 전문 기관을 틈틈이 찾아다녔다. 그는 보스톤의 유명한 심리학자 윌리엄 제임스 William James 교수가 하버드 대학에 개설한 강좌를 청강하러 갔다. 그는 세계종교대회 이후 황색가사를 입었기 때문에 유난히 눈에 띄었다. 제임스 교수는 그를 보자마자 앞으로 나오라고 손짓하며 말했다.

"제 의자에 앉으십시오. 저는 학생들과 함께 앉겠습니다. 당신은 저보다도 더 심리학을 강의할 자격을 갖추고 계시니까요."

다르마빨라가 불교 교리를 간단히 설명하고 나자 이 위대한 심리학자는 학생들을 향해 "이것이 바로 모든 사람

들이 지금부터 25년 동안 공부해야 할 심리학이다."라고
말했다. 교수가 예언한 시간이 숫자 그대로 이행되지 않았
는지는 모르지만 아나가아리까 다르마빨라가 불교심리학
의 존재를 서방 세계에 널리 알리는 데 큰 몫을 담당했다
는 것은 의심할 바 없는 사실이다.

사르나트에 실업학교를 짓다

서구의 훌륭한 교육기관을 수차례 방문한 다르마빨라
는 서양이 동양의 정신을 필요로 하는 것과 마찬가지로
동양은 서양의 기술이 필요하다는 것을 절감했다. 그래서
그는 포스터 부인에게 편지를 써 사르나트에 실업학교 설
립을 도와달라고 요청했다. 그녀는 즉시 5백 달러 수표를
보내고 일 년 후에는 3천 달러를 보내 주었다. 이런 관대
한 후원으로 다르마빨라는 학교 일을 맡을 미국인 전문가
와 미국산 농기구들을 들여올 수 있었다. 그는 다시 런던,
네덜란드, 덴마크 등의 초등학교와 산업시설을 시찰하고
돌아와 공업, 농업, 수공예 교육을 위해 오랫동안 세워 온

계획을 실행하기 시작했다. 우선 사르나트에 실업전문학교가 문을 열고 미국인 전문가 베가가 교장으로 임명되었다. 그러나 바아라아나시의 신지학 회원들이 공공연히 방해를 했고 결국 지방장관이 베가의 해임을 요구하기에 이르렀다. 다르마빨라는 지방 사람들에게 많은 이익을 줄 수 있는 그 계획을 일시적으로 단념할 수밖에 없었다. 그러나 몇 년 후 이 학교는 고등학교 인가를 받게 되었고 후에는 대학으로 발전하여 그의 꿈은 실현되었다.

《싱할라 바우다야》의 간행

1904년 11월 다르마빨라는 스리랑카 불교도들의 관심을 대대적으로 환기하는 운동을 지휘해 달라는 스리랑카 마하보디 협회의 요청을 받고 스리랑카로 갔다. 그곳에서 그는 다시 한 번 우마차를 타고 마을을 다니면서 연설을 했는데 이번에는 종교에 대한 것뿐 아니라 그 당시 그의 관심을 끌었던 기술교육의 계획들도 포함되어 있었다.

일본이 이룬 빠른 산업발전에 크게 감명 받았던 그는

아버지를 설득하여 직조기술과 그 밖의 다른 공예기술을 배우도록 스리랑카 학생들을 일본으로 유학시키는 데 필요한 6만 루피의 자금을 마련했다. 첫 번째 직조기술학교가 1906년 스리랑카에 설립되었고, 곧 이 학교는 크고 번창한 교육 기관으로 발전했다.

같은 해에 다르마빨라는 1891년 이래로 부처님의 진리를 중흥시키려는 아들의 노력에 아낌없이 재정적 도움을 주었던 부친 무달리야르의 임종 소식에 큰 타격을 받았다. 이 슬픈 소식을 포스터 부인이 듣게 되었을 때 친절한 그 부인은 자신을 양어머니로 생각해 달라고 다르마빨라에게 편지를 쓰고 배전의 후원을 베풀기 시작했다. 만일 그것이 없었다면 다르마빨라의 활동은 그리 큰 성과를 거둘 수 없었을 것이다. 6년 동안 그녀는 매년 3천 루피의 기부금을 보내왔다. 그 기부금의 대부분은 불교학교와 인쇄소의 설립과 신지학회 내의 비불교적 경향을 저지하기 위해 시작했던 모국어 주간지 《싱할라 바우다야*Sinhala Bauddhaya*》의 간행에 쓰였다.

부다가야 소송의 패소

1906년 아나가아리까 다르마빨라와 마한트와의 길고 긴 법정 투쟁은 종국에 다다랐다. 4년 동안 전 세계의 불교도들은 이 지루하게 계속되는 소송을 지켜보았다. 그러나 결국 대법원은 마하보디 사원에 대한 권리가 마한트에게 있음을 최종 판결했다. 그리하여 불교도들의 잃어버린 권리를 되찾으려는 15년 투쟁은 완전한 실패로 끝났고 정치적, 종교적 제국주의 간의 사악한 공모로 인해 붓다의 추종자들은 그들의 가장 신성한 장소에서 그 터전을 잃게 된 것이다. 그 후 인도가 불교의 표식을 독립국가의 상징[15]으로 삼고 새로이 태어났지만 부다가야는 완전히 불교도의 손에 넘어오지 못한 채 힌두교와 공동 관리하에 놓여 있다. 인도정부가 불교인에 대한 생색으로 그만한 양보를 하게 된 것만으로도 다르마빨라의 노력이 아주 실패는 아니었다고 자위할 수 있겠지만 그러나 이 성지에 대한 관리

---

15 인도의 상징: 국기에는 법륜, 화폐에는 아쇼카 석주머리의 돌사자상이 들어있고, 국화는 연꽃이 채택됨.

권을 불교도가 완전히 회복하는 일은 다르마빨라가 우리
에게 남겨준 숙제일 것이다.

실론에서의 민족중흥운동

성지회복에 실패했다 해서 다르마빨라의 활동이 꺾인
것은 아니었다. 오히려 그의 활동무대는 대양을 넘어 확
대되고 그의 활력은 절정으로 고조되었다. 이후 그의 다
양하고 쉴 새 없는 활동을 일일이 연대별로 추적하는 것
은 독자들에게 번거롭기만 할 것이다.

이후 그가 임종하기까지 혼신의 정력을 기울여 활동한
무대는 다음 셋으로 요약될 수 있다. 첫째는 스리랑카에
서의 민족정기 부활운동, 둘째는 인도에서 벌인 불교중흥
을 위한 근거지 마련운동, 끝으로 영국에서 벌인 불법 전
파운동이라 하겠다.

이를 차례로 요약해서 살펴보기로 한다.

스리랑카가 지닌 가장 큰 병폐라면 그것은 국민들의 나
태성과 무기력일 것이다. 다르마빨라는 이전과 다름없이

스리랑카에 체류할 기회가 있을 때마다 국민의 잠을 깨우는 운동에 헌신하였으며 이 운동은 역사적 의미를 지니게 되어 어찌 보면 오늘날까지 스리랑카의 정치, 경제, 문화 운동의 맥을 잇고 있다 하겠다.

그는 자신의 무한한 에너지를 동포들의 무기력한 혈관 속에 불어넣으려 애썼다.

끊임없는 여행과 강연만으로는 미흡하여 그는 《싱할라 바우다야》지에 〈알아야 될 것들〉이란 고정 논설을 계속 써 나갔다.

이 논설은 어떤 특정 분야에 한정되지 않고 광범위한 선전활동의 기반이 되었다. 그 글들은 재치와 지혜로 번뜩였으며, 사람들을 보다 진실되고 용기 있는 생활로 이끌어 주었다. 이 논설은 싱할라 사람들에게 민족정신을 다시 각성시켰다. 뿐만 아니라 그는 특유의 어투로 승려들의 대다수가 부패하고 나태한 점을 비난했다.

다르마빨라에게 종교란 삶에서 분리된 것이 아니라 삶의 모든 부분과 밀접히 연관된 것이었다. 그의 포괄적 안목에 비추어 보면 종교의 중흥, 도덕의 고양 그리고 경제의 발전은 개인생활뿐 아니라 사회생활 전반을 수렴하는 커다란 진보운동의 일환이었다.

따라서 그는 싱할라 민족이 기독교인들에게 종교적 문화적 독립성을 넘겨준 것과 '함바야'라는 인도에서 이주해 온 무슬림 상인계급들이 해안지방뿐 아니라 내륙의 모든 소매상을 독점하게 허용한 것을 매우 나무랐다.

불교인들이 상업에 눈을 뜨는 것을 못마땅하게 생각한 교만한 함바야들은 물리적 탄압으로 이에 대처하려 했다. 유럽에서 1차 대전이 벌어진 다음 해인 1915년 함바야들은 깜뽈라에서 불교인들의 행사 행렬을 습격하여, 경찰이 지켜보는 가운데 스리랑카인 청년 한 명을 살해함으로써 마침내 무슬림, 불교 간의 폭동을 유발하기에 이르렀다.

그러나 영국 당국은 이 폭동을 영국 통치에 대한 반항으로 간주하고 계엄령을 내려 많은 스리랑카 사람을 구속 탄압했다. 영향력 있는 인사들을 증거와 관계없이 무조건 체포하고 공무원을 해고하고 민간인을 재판에 회부했다. 다르마빨라가 인도에 있지 않고 스리랑카에 있었다면 틀림없이 체포되었을 것이고 어쩌면 총살당했을지도 모르는 일이다.

그는 스리랑카인의 민족주의를 일깨웠을 뿐 아니라 일

본에 자주 드나들고, 거기서 영국의 잘못을 공개적으로 비난했으며 부다가야 사원을 되찾으려는 노력 등으로 인해 영국 당국에는 요시찰 인물이 되어 있었다.

영국은 인도 총독부에 요청하여 다르마빨라를 5년 간 캘커타에 억류하도록 만들었으며, 그러고도 성에 차지 않아 가족에 대한 보복으로 동생 에드먼드를 국사범으로 만들어 계엄 군법회의를 거쳐 결국은 감옥에서 죽게 만들었다. 1922년이 되어서야 다르마빨라의 귀국이 허용되었지만 이미 그의 건강은 병으로 완전히 무너져 버린 뒤였다. 그는 좌골신경통, 각기병, 심계항진, 빈혈증 등의 합병증을 앓고 있었고 죽는 날까지 고통을 겪어야 했다. 그러나 이런 육체적 고통 속에서도 그는 폭동 이후 출판 정지된 《싱할라 바우다야》지를 다시 복간시키고, 그동안 자신이 창설해 놓은 여러 기관을 활성화 하고자 쉬지 않고 계속 노력했다. 지금까지 서술한 정신적 운동 이외에도 다르마빨라는 민중을 위한 실제적 봉사 사업에도 혼신의 힘을 기울였다. 그가 벌인 학교 설립 등 각종 교육 사업에 대해서는 앞에서 이미 언급했으므로 여기서는 포스터 로빈슨 병원의 건립에 관해 잠깐 짚어보려 한다.

1913년 다르마빨라는 하와이의 포스터 부인을 방문했다. 부인이 그동안 마하보디 협회를 위해 보내준 막대한 지원에 대해 감사를 표하기 위해서였다. 이미 노령에 접어든 부인은 다르마빨라를 극진히 반겼을 뿐 아니라 그가 떠날 때 돌아가신 자기 부친을 추모하여 콜롬보에 자선병원을 세워달라며 6만 루피를 보시했다. 다르마빨라는 귀국 즉시 아버지에게서 상속받은 자신의 큰 저택을 병원으로 개조하여 치료를 요하는 모든 사람들에게 공개했다. 이 병원에서는 서양의술과 스리랑카 토착 싱할라 전통의술을 병행하여 시료함으로써 일반대중의 요구에 부응하고자 노력했다.

귀국길에 다르마빨라는 일본과 한국, 만주, 중국, 싱가포르 그리고 자바섬을 방문, 보루보도루 사원을 참배했다. 한국의 수도 서울에서 그는 구왕실의 왕비가 참석한 법회에서 연설을 통해 불교중흥운동의 중요성과 이에 대한 자각을 호소했다. 그리고 한국의 승단 대표에게 부처님 진신사리를 기증했다.(부록 참조)

영국에서의 포교활동

　비록 스리랑카와 인도에서 영국정부에 의해 많은 고통을 받았지만 그는 그들에 대한 증오심은 없었다.

　미움은 미움에 의해서가 아니라 사랑에 의해서만 종식되며 폭력은 오직 인내에 의해 극복될 수 있다는 것을 알고 있기에 그는 그들에게 받은 위해에 대해 그가 지니고 있던 가장 값비싼 것, 즉 담마法라는 선물로 보답하려 했다.

　1925년 가을 다르마빨라는 런던에 도착하자 강연과 좌담을 통해 즉시 활동을 개시했다. 당시 런던에는 영국 불교 조직이 이미 셋이나 존재하고 있었고, 그밖에도 신지학회의 불교지부, 연합지부, 블라바츠키 협회 등이 있어 그의 강연을 후원해 주었다.

　매주 일요일 오후와 저녁에 회합이 열렸으며 여러 저명한 인사들이 기꺼이 이들 청중을 위해 강연을 해주었다.

　그러나 불교를 이해하려는 사람은 있으되 불사를 위해 물질적 기여를 하려는 사람은 드물었다. 포교 근거지를 마련하기 위해서는 포스터 부인의 협조와 모금을 위한 그 자신의 노력이 불가피했으며, 그래서 이 부유한 나라에 불법을 전하기 위해 그는 스리랑카와 버마 등 가장 가난하고 또 영국의 피해를 가장 많이 입은 나라를 다니며 모금을 해야 했으니 인연치곤 기묘한 인연이라 하겠다.

하여튼 그런 노력 끝에 런던 글로우체스터 가에 집을 한 채 마련할 수 있었으며 그가 꿈꾸고 있던 번듯한 절을 짓기까지 포교활동의 임시 근거지로 활용할 수 있었다.

영국을 떠날 즈음 그는 월간지 《영국 불자*The British Buddhist*》를 창간하고 그 첫 권을 자신의 원고만으로 채웠다.

그러나 영국에서의 활동은 그렇지 않아도 기울어가고 있던 그의 건강에 결정적 타격을 입혀 도저히 회복될 수 없는 지경이 되어 스리랑카에 돌아가야만 했다. 비록 그의 소망이던 영국 마하보디 협회의 창건과 런던에 절을 지으려던 꿈을 성취하지는 못했지만 모처럼 영국에 켜놓은 무상 정법의 등불을 꺼뜨리지 않고 계속 살려내기 위해 그는 3명의 싱할라 비구들을 영국에 파견했으며 특히 자기 수제자인 데와쁘리야 발리싱하를 딸려 보내 스님들을 도와서 빠알리어와 불교 명상 연구반을 조직하게 했다.

현재 런던의 치스위크에는 다르마빨라가 그처럼 소망하던 번듯한 절, 런던 불자 사원이 세워져 그의 노고를 기념해 주고 있다.

인도에서의 활동

캘커타에 5년 간 억류당하고 있던 다르마빨라는 답답하고 고통스러운 시간을 그냥 허비하고만 있지는 않았다.

아시아, 아메리카, 유럽 삼대주를 마음껏 휘젓고 다니던 그가 한 곳에 앉아 그 정력을 마하보디 저널에만 쏟아부어야 한다는 것은 정녕 괴로운 일이었으나 사자후를 담은 이 잡지는 그의 보람이자 위안이었다.

그리고 주로 포스터 부인과 자신이 낸 돈으로 세운 스리달마라지카 짜이띠야 사원의 준공은 캘커타에 절을 세우고 싶었던 다년간의 꿈을 실현한 것이었다. 그로부터 11년이 지난 후 다르마빨라는 병들고 노쇠한 몸으로 인도를 찾았다.

1931년 3월 다르마빨라는 의자에 실린 채 캘커타 행여객선에 오를 수 있을 정도로 몸이 회복되었다.

그는 일체를 놓아 버리는 불교적인 실천으로 모든 세속적 재산을 정리했다. 메어리 포스터 기금에서 생긴 돈과 자신이 유산으로 상속 받은 상당한 거금을 모두 바쳐 아나가아리까 다르마빨라 재단을 만들고 5명의 이사진에게 자신이 평생 추구해 온 목적을 계속 추진토록 맡겼다.

이제 스리랑카와의 모든 인연을 정리한 다르마빨라는 마지막 봉사를 위하여 저 성스러운 땅 인도로 홀가분하게 떠날 수 있게 된 것이다. 수평선 너머로 사라지는 고국 땅의 야자수 우거진 풍경을 마지막으로 바라보는 그의 감회는 자유인의 담담함 그것이었다.

캘커타를 거쳐 사르나트의 성스러운 녹야원에 도착한 그는 의사가 절대안정을 지켜야 한다고 경고했는데도 불구하고 마하보디 협회 일에 열중했다. 몸은 비록 허약했지만 정신은 예의 슬기와 고매함으로 광채를 발하고 있었는데 목소리는 아직도 천둥 같은 질타의 힘을 담고 있었다.

그가 무엇보다 관심을 기울인 것은 인재양성이었다. 스리랑카에서 10명의 사미승을 선발하여 라빈드라나트 타고르가 경영하는 아름다운 시골 학원 산티니케탄에 보냈는데 이제 그들은 이곳 사르나트에 와서 그들의 수업을 끝냈다. 인도 불교의 장래가 이들에게 달렸다고 생각한 그는 각별한 관심을 쏟아 이들에게 청정과 자기희생의 삶을 영위하도록 거듭해 가르쳤다. 이 중 한 사람이 M. 상가라트나 스님으로 뒷날 사르나트에서 다년간 사무총장직을 수행하게 된다.

당시 다르마빨라의 뇌리를 점하고 있던 또 하나의 계획은 국제불교대학을 창설하는 일이었다. 그는 세계각지에서 모여든 수천 명의 학생들이 마음껏 불교공부에 전념하는 정경을 눈에 선하게 그리고 있었다.

이런 세속적 일로 바쁜 중에도 그의 마음은 독수리가 나래를 펴고 하늘 높이 치솟듯 더 높은 정신세계로 넘나드는 경험을 수시로 겪었다.

그 해 7월 13일엔 보루가무웨 레바타 스님에게서 출가계를 수계하고 스리 데와밋따 담마빨라*Sri Devamitta Dhammapala*란 법명을 받았다.

8월에는 건강이 훨씬 나아져 한 달 동안 캘커타에서 보내면서 공개강연도 한 차례 했다.

그러나 무엇보다 즐거웠던 것은 수년간 애써 온 보람으

로 물라간다 꾸띠 절의 개원식을 볼 수 있게 된 것이었다. 이 절의 창건은 다르마빨라가 이룩한 불사의 백미였다. 축하연은 사흘간이나 계속되었고, 사르나트에 숙박한 하객만도 천여 명에 이르렀으며 그 중 태반이 해외에서 온 손님들이었다.

11월 11일 오후 남청색 겨울 하늘 아래 승려들의 노란 승복과 신도들의 화사한 비단옷 위로 밝은 햇살이 비출 때, 신성한 부처님 진신사리를 담은 금빛 상자가 인도정부를 대표하여 고고학 관리위원장에 의해 마하보디 협회에 전달되었다. 청중의 환호 속에 사리함은 코끼리 등에 실려 수도원을 세 바퀴 돌았다.

개원식에서 행한 연설에서 다르마빨라는 그가 사르나트를 처음으로 방문했을 때를 떠올리며 그곳이 돼지를 사육하는 최하층민들의 거주지였다고 말했다. 병든 몸을 휠체어에 의지한 이 늙은 투사는 감격에 차 떨리는 목소리로 말했다.

8백 년 동안의 유배 끝에 불교도들은 그들의 신성한 녹야원으로 돌아왔습니다. 카스트나 종교의 구별 없이 부처님의 자

비로운 가르침을 인도 국민 모두에게 전하는 것이 마하보디 협회의 사명입니다. 세존의 성스러운 법法을 인도 전역에 보급하는 데 여러분이 앞장서리라 믿습니다.

위대한 생애를 마감하다

그의 건강은 극도로 악화되어 갔다. 젊은 시절부터 알고 지내던 스승들, 형제들이 그에게서 떠나갔다. 특히 포스터 부인의 타계는 마치 오른손이 잘려 나가는듯한 고통과 슬픔을 안겨주었다.

그는 이제 그의 날이 얼마 남지 않았으며, 자신이 그렇게 숭고하게 시작했던 사업이 젊고 더 강건한 이들에게 계승되어야 함을 알았다.

1932년 1월, 그는 승단의 정식 구성원으로 죽고 싶은 소망에서 스리랑카에서 일부러 온 12명도 넘는 지도적 스님들로부터 구족계[16]를 받았다.

---

16 구족계: 비구가 되면서 받는 계.

갖가지 병이 겹친 데다 특히 말 못 할 고초를 겪고 있는 몸인데도 너무나 활기차고 정력적이며 행복으로 빛나고 있어 아무도 그를 고질병 환자로 볼 수 없었다.

수계식이 끝나자 그는 모든 근심 걱정을 영원히 벗어난 것 같다고 말했다. 일기장에 그는 자신이 광음천光音天[17] 신같이 느껴진다고 썼다.

1932년 4월과 12월에 다시 그의 병세는 악화되었다.

생명의 기름이 다해 감을 직감한 그는 어느 날 측근 제자에게 말했다.

나의 죽음을 막으려 애쓰지 말라. 약이나 주사로 나의 고통을 더 이상 연장시키지 말라. 나는 죽어 바아라아나시의 브라흐만 집안에 환생하여 부처님의 법을 전파하고 부다가야 성지를 되찾으리라.

1933년 4월 29일. 승려들과 제자들이 모여 〈호경護經

---

17 광음천光音天: 색계 제2선천 중의 제3천. 이 하늘 중생은 음성이 없고 말할 때에는 입으로 광명을 내어 말의 작용을 하므로 광음천이라 한다.

Paritta⟩을 독송하는 가운데 영면한, 지혜와 불굴의 의지와 사랑으로 빛났던 성자 아나가아리까 다르마빨라의 얼굴에는 행복과 만족의 미소가 아련히 감돌고 있었다.

II. 부록

아나가아리까 다르마빨라의 어록

• 어떤 경우에도 독단에 빠지지 않도록 언제나 분석 고찰 하라.

• 과거는 무한하여 시초를 알 수 없다. 그 무한대의 과거를 배경으로, 선용할 수도 악용할 수도 있는 미래를 목전에 둔 채 현재를 장악하고 있는 그대는 바로 자신의 운명을 손에 쥐고 있는 것이다.

• 노력하지 않고 발전은 불가능하다. 부처님께서는 부단한 노력과 주의 깊은 행위를 기초로 해서 그 위에 가르침의 체계를 세우셨다.

• 성을 내면 악마가 된다. 공포는 무지 때문에 생긴다. 무지야말로 모든 육체적, 정신적 고통의 원인이다.

• 자유는 청정한 삶이 완전히 이루어질 때 지혜가 가져다 주는 최상의 선물이다.

• 모든 선한 행위는 '놓아버린다'는 법에서 시작되는 것인

만큼 우리는 언제나 감관의 쾌락을 피하도록 노력해야
한다. 감관의 쾌락은 죄 그리고 번뇌와 연관된다.

• 선을 베푸는 행위야말로 향상을 성취하는 첩경이다. 선
을 지연시키거나 외면하면 고통과 비참이 따른다.

• 감관적 쾌락을 놓아 버리는 일이 우선은 고통스러울 수
있다. 그러나 이 노력은 열반이란 무한한 축복의 실현으
로 보답을 받는다.

• 부처님의 살아있는 교의 속에는 비관주의가 헤집고 들어
갈 틈이 없다. 현명한 사람은 누구나 성인이 될 수 있다.
그의 힘은 무한하다. 그러나 이 힘은 노력을 해야만 얻을
수 있다. 성인이 되는 길은 팔정도를 닦는 길뿐이다.

• 카스트, 신조, 인종, 국경의 장벽을 부수어 버리는 진리
의 종교가 사자의 용맹심을 지닌 사꺄족의 왕자에 의해
선포되었다. 진리의 햇빛은 영토주의를 이겨냈다. 세계
적 종교가 처음으로 정의의 왕이신 붓다에 의해 선포되
었다. 그분의 영토는 지구 끝까지 뻗친다.

• 모든 공덕 행이 이루어지는 곳, 그곳이 바로 지상이다.
친절과 자기희생의 진가가 드러나는 곳도 여기다. 신들의

구속에서 벗어나고 고통받는 사람들을 구제할 수 있는 곳도 바로 여기, 지상이다.

- 도덕이야말로 이 사회를 유지해 나아가는 데 필요한 가장 굳건한 지반이다. 부처님께서는 당신의 존귀한 법은 제자들이 덕행을 깨끗이 닦는 길을 엄격히 지키는 동안만 존속할 것이라고 거듭거듭 강조하셨다. 도덕이 사라지면 사회는 퇴보한다.

- 최고의 가치에 둔 신념을 아무 거리낌 없이 자유롭게 표현하지 못하는 사람에게서는 진실이 나올 수 없다. 우리가 진리를 추구하는 데 있어 완전한 자유야말로 필수 요소이다.

- 불교는 정신으로 하는 일종의 운동 경기이다. 불교는 당신에게 정신의 근육을 발전시키는 방법과 정신의 힘줄을 강화시키는 방법을 가르쳐 준다. 남이 당신 일을 대신 해준다면 당신의 노력은 어디서 보람을 찾을 것인가.

- 무지한 사람은 마음의 죄를 씻어내려 하지 않고 겉치레 청정으로 행복을 얻으려 든다.

- 권력과 자만심은 인간을 악마로 타락시킨다. 진리로 가

는 길과 권력으로 가는 길은 서로 다르다. 물질주의에만 기초한 문명은 모두 종말을 고했다.

• '내가 있다'는 교의는 개인의 향상에 해가 된다. 사람을 거만하게 만들어 자만심을 키운다. 생물학적으로나 심리학적으로나 초심령학적으로나 사회학적으로나 도덕적으로나 그 교의는 발전과 성장에 해가 된다.

• 우리는 이기적이다. 우리가 사치스런 생활을 하고 있기 때문에 이웃을 위해 해야 할 일을 망각하게 되는 것이다.

• 스승이 자비심에서 우러난 자기 희생정신을 보여주기를 마치 어머니가 뱃속의 아기를 생각하며 몸가짐 하나하나를 삼가듯이 한다면 다음 세대의 발전에 그만큼 유익할 것이다.

• 만약 재가자가 스승에게서 덕성을 발견하지 못한다면 무엇 때문에 공양을 올려야 할까? 스승이 재가자로부터 공양을 받으려면 모름지기 자기 다스림과 한층 고양된 삶의 표본이 되어야 할 것이다.

• 옛날 인도인들이 세존의 지혜로운 가르침에 어긋나지 않았을 때, 그 땅에는 행복이 깃들었다.

- 지혜와 자비로 이 세상을 무지에서 구해 내는 것이 부처님의 목적이었다.

- 대지는 철마다 과일을 열게 하고, 하늘은 비를 내리고, 암소는 젖을 주며, 재가자는 문전의 구걸인에게 동냥을 준다. 보시는 생명의 법칙이다.

- 진리에 이르고자 하는 사람은 신비주의자나 고행자들의 신화적 얘기나 이론에 만족해서는 안 된다. 모름지기 과감성과 용기와 강한 진지함으로 충만해야 한다.

- 부처님은 바로 진리의 구현이시다. 부처님의 인품을 구성하고 있는 모든 요소들은 바로 당신께서 선포하신 그 원리들과 일체를 이루고 있다. 생각으로나 말씀으로나 행동으로나 부처님은 절대 진리에서 한 치도 벗어나지 않는다.

- B.P.S. Bodhi Leaves No.22
《아나가아리까 다르마빨라의 위대한 말씀》에서 발췌

《불교》지를 통해 본 한국불교와의 인연[18]

그의 호신 진신사리를 남기고 가다

아나가아리까 다르마빨라가 처음이자 마지막으로 우리 나라를 찾은 것은 그가 49세 되던 여름, 1913년 8월 20 일이었던 것으로 전한다.

당시 일본을 위시하여 동양권 내 불교 국가를 순방 중 이던 다르마빨라는 지금의 서울인 경성을 방문했다. 《불 교》지에 게재된 그 당시 기사 내용에 따르면 다르마빨라 는 한국 교계에 관해 거의 아는 바가 없었다. 일찍이 불법 이 전수된 나라이기는 하나 있으나 마나 한 상태가 아닐 까 하는 정도로 생각했었다가 막상 한국에 와서 예상 외 로 많은 불교도와 방대한 조직의 승단이 구성되었고 삼십

---

18 이하 모든 자료는 대은 스님이 소장하고 있던 것을 상좌인 원명스님(서 울 가양동 홍원사 주지)이 제공해 주었고, 알아보기 어려운 한문은 도일 스님이 해독, 정리해 주었다.

본산 주지, 대덕들이 절을 일으키고 전법에 임하고 있는 큰 불교나라임을 알게 되었다.

자기 조국인 남방의 스리랑카와 마찬가지로 한국이 동양 불교의 명맥을 제대로 이어가고 있는 전통 불교 국가임을 발견했을 때 다르마빨라는 감격을 누를 길 없어 팔다리가 절로 춤출 듯 기뻐했다고 전한다. 그리고 벅찬 환희심을 표현하기 위해 자신이 친히 모시고 다니던 석존 진신사리과를 한국 방문 기념으로 남기고 갈 것을 결심하게 되었다. 그리하여 당시 종무원 원장인 김금담선사金錦潭禪師께 전하고 이해광李海光 스님이 친수親授했다가 각황사(조계사의 전신) 준공으로 새로 지은 법당 주불 좌측에 모시게 되었으니 이것이 남방으로부터 한국에 전래된 부처님 진신사리로는 처음이 아닌가 생각된다.

다르마빨라가 진신사리를 지니게 된 경위는 태국 순방 여행 가운데 국왕이 그의 인품과 신심에 감동하여 궁중 황실에 모셨던 불사리일과佛舍利一顆를 하사했는데 이 사리는 바로 아쇼카왕의 불법 전파 때에 온 것이라고 했다.

그러나 참으로 불행하게도 다르마빨라가 전하고 간 석존 진신사리는 화재와 도난의 위험이 있는 법당 내에 17

년 동안이나 그대로 방치되었다.

그러다가 1930년 9월 14일 당시 각황사 원주元主 이윤근李允根 스님의 대원력 조탑造塔불사가 준공 회향되면서 칠층 석탑 안에 사리를 안치하기에 이르렀다.(현재 조계사 경내에 있음)

《불교》지는 다시 1932년 3월 25일자의 다르마빨라의 서신을 싣고 있는데 편지에는 19년 전인 1913년에 한국에 남기고 떠난 진신사리의 뒷소식을 궁금히 여기는 내용이 눈에 뜨인다. 또한 인도에서 성지 회복을 위해 노력하는 자신의 불사에 관해서도 허심탄회하게 적어 보낸 것이 인상적이다.

여기 당시 《불교》지에 게재된 다르마빨라의 편지와 다르마빨라 입적 당시 그 소식을 접하고 실었던 기사와 김소하金素荷 시인의 조시를 싣는다.

담마빨라[19]의 편지

《불교》지 사장님,

혜송惠送하신 귀지貴誌는 고맙게 받았습니다. 그러나 그 내용을 해득할 사람이 이곳에 없는 것이 유감입니다. 어려우시겠지만 귀 불교계의 활동을 소개하는 영문판이 있었으면 좋겠습니다.

1913년에 제가 서울을 방문한 일이 있습니다. 그때 저는 그 곳 교계의 검덕儉德과 상면할 영광을 가졌습니다. 그리하여 검덕과 상면하던 날, 세존성체世尊聖體의 유골을 담은 금반 한 개를 당시 수석 노덕老德앞에 봉정한 일이 있습니다. 그 후 이 성물聖物이 어떻게 되었는지 알지 못해 궁금합니다. 그때 검덕께서는 이 성물을 봉안하기 위하여 특별히 사원을 건조하시겠다고 말씀하셨습니다.

---

19 당시 기사에는 다르마빨라의 이름이 모두 담마빨라로 표기되었다.

오늘날 인도에는 불교가 거의 절멸되었습니다. 거금 칠백 년 전 회교回教 침입자가 불교를 파괴한 것입니다.

그래서 칠백 년 간 우리 성교聖教를 중흥하려는 기도가 전혀 없었습니다. 제가 '바아라아나시'와 '부다가야'에 있는 성사원聖寺院을 순례하기는 벌써 42년 전의 일입니다. 장차 나는 나의 신명을 바쳐서라도 잊혀진 대법大法을 이 땅에 재흥키로 결심하였습니다.

그리하여 나는 현재 바라문교, 회교, 기독교밖에 없는 이 땅에서 쌍수로 분투 활동하여 왔습니다. 오늘날 인도 민중은 전적으로 우리 부처님을 잊어버렸습니다. 그러나 저는 삽화에 있는 것과 같은 아담한 정사(물라간다 꾸띠 위하라)를 녹야원에 건조하는 데 성공했습니다. 저의 생전에 우리 세존께서 정각正覺을 이루신 부다가야에 있는 우리의 성사원을 회수할 수 있기를 바랍니다. 현재 부다가야는 세존의 성적聖跡을 나날이 더럽히는 사이바트 교도의 관하管下에 있습니다. 조선 불교도들이 이 성지에 내방하게 되기를 바랍니다. 이 성지야말로 조선, 중국, 일본, 태국, 버마, 스리랑카 등 모든 나라 불교도들의 것입니다. 귀하의 하교를 기다리면서……. 불은 중佛恩中 귀하의 건강을 비나이다.

불기 2476년(서기1932년) 3월 25일
데와밋따 담마빨라(前名:아나가아리까 다르마빨라)

담마빨라의 서거에 부쳐

현대 인도 불교계의 큰 별인 담마빨라가 지난 4월 29일 바아라아나시 교외 사르나트에서 69세의 고령으로 서거했다고 한다.

그는 20년 전 한반도 불교계를 방문하여 세존의 진신사리 1과를 기증한 일이 있었으며 지난 3월 25일자로 친절한 편지 한 통을 본사로 보내어 인도 불교의 중흥운동에 대하여 조선 불교도의 지지와 성원을 간청한 바도 있었으니 그와 조선 불교계와의 관계는 적지 않은 인연을 가진 것이다. 이에 돌연 그의 부음을 접하게 됨에 우리는 안타까운 마음을 금할 수 없어 그와 생전에 친분이 두터울 뿐 아니라 그가 창설한 영국 마하보디 협회의 부회장이기도 한 브루톤B. L. Broughton씨의 담마빨라에 대한 추억담(일본 중외일보에 실림)을 번역하여 독자들께 소개한다.

담마빨라는 1864년 콜롬보의 상류 가정에서 탄생했

다. 본명은 데이비드 헤와위따르네David Hewavitarne라 하였으며 교육을 기독교 학교에서 받았으나 결코 기독교의 감화를 받지 않았다. 1883년 그가 19세 되던 때 유명한 블라바츠키Blavatsky 부인과 올코트 대령을 만났다. 블라바츠키 부인에게서 인류를 위하여 활동하며 빠알리어를 공부하라는 권고를 받았다. 그래서 그는 이 권고에 따라 그의 전 재산을 자선사업에 제공하고 이름도 아나가아리까 담마빨라Anagārika Dhammapala로 고쳐 완전히 학승學僧의 생활을 했다.

그는 태어나면서부터 여행을 좋아했다. 그가 처음 여정에 오른 곳이 인도인데 그 나라에서는 불교가 이미 망각되어버린 것을 알았다. 그래서 그는 당시 영국 정부의 강력한 지지를 받고 있는 힌두교도로부터 부다가야를 구제하려는 거룩한 운동을 개시했다. 1893년 그가 처음 방문한 사르나트는 괴멸된 폐허로 돼지들만 돌아다니고 있었는데, 이 성지를 불교도의 손에 회수하여 세존의 초전법륜지인 녹야원에 웅장하고 아름다운 사원을 건립하게 된 것은 그의 일생을 통하여 가장 빛나는 공적이다.

1891년에 그는 대각회大覺會를 창설하고 다음 해에는 이 단체의 기관지 〈대보리大菩提 *The Maha Bodhi*〉 제1권을 발행했다.

그는 1893년 가야에 가서 보리수 아래에 단정히 앉아 있었다. 그곳에서 그는 그를 방문한 나와 함께 정답게 대화를 나눈 적이 있었는데, 당시 그는 가야에 영주할 충동을 느낀 듯하다. 그리하여 마침내 거기에 머물게 되었다. 그런데 이 가야 체류는 그에게 획기적 결과를 가져온다. 즉 한 인도 신사가 젊은 스리랑카 승려의 광채 있는 풍모를 보고 자기 집에 초대하여 마침 개최되려는 시카고 종교회의에 가보기를 권한 것이다. 그래서 그는 곧 스리랑카 불교도 대표로 이 회의에 참석하게 되었으니, 이것은 실로 그의 생애 가운데 가장 중대한 일이었다. 왜냐하면 그는 이 회의에서 대단한 주목을 받았을 뿐 아니라 여행 도중 하와이의 카메하메하 왕의 후예이며 부호인 포스터 Elizabeth Mary Foster 부인을 만났기 때문이다. 그때 부인은 "나의 성질은 급하며 고약스러워서 스스로도 곤란하다" 고 그에게 고백했다. 이에 그는 불교심리학과 정신수양들에 관해 여러 가지 일러주었더니 부인은 완전히 감격하여 끝없는 감사를 드리는 동시에 이후 항상 각종의 자선사업에 그의 재산을 제공했다. 담마빨라가 창설한 공립학교, 병원, 시약원施藥院, 캘커타의 사원 등, 어느 것이나 포스터 부인의 힘을 입지 않은 것이 없다.

1915년에 영국인은 스리랑카에서 극히 잔학한 통치를 했다. 다행히 담마빨라는 당시 인도에 있었으나 영국정부는 그를 극도로 냉대하여 3년 간 독방에 감금했다. 이때 해친 그의 건강은 끝내 회복되지 않았다. 1926년, 그는 영국을 방문하여 불교 전도회관과 영국 대각회大覺會를 창설했다. 동회同會는 최초의 본부를 런던 교외 일링Ealing에 두었는데 너무나 떨어져 있는 까닭에 무슨 일에나 대단한 곤란을 느꼈으나 불굴의 보살정신을 지닌 담마빨라는 조금도 물러나지 않고 이 단체의 성장에 모든 힘을 기울여 노력했다.

원래 그의 건강은 좋지 못하였으며 또한 영국의 기후가 전연 맞지 않았기에 1927년 스리랑카로 돌아왔으나 그의 늙은 몸은 해를 거듭할수록 쇠약해졌다. 다음 해 그는 스리랑카 비구 세 사람을 2년 간 계약으로 영국에 파견하여 영국 최초의 불교 사원을 건립하게 했다. 1931년, 그는 스리랑카를 떠나 인도로 가서 사르나트에 거주했다. 같은 해 11월 이곳에 사원 물라간다 꾸띠 위하라가 창건되었다.

그런데 담마빨라의 풍채로 말하면, 그는 실론 사람으로서는 키가 큰 편이고 청년시절에는 훌륭한 미남이었다. 그러나 유감스럽게도 그에게는 육체적으로 결함이 있었으니, 한쪽 다리가 짧아서 절뚝 걸음을 하였던 것이다. 이런 약점을 가졌음에도 불구하고 그의 열정은 경탄할만한 것이었다. 보살의 정신을 지닌 그가 불교를 위하여 행한 활동에는 절름발이 걸음이 없었다.

그는 나의 절친한 벗이며, 나는 그에게 더없는 존경을 보냈다. 그의 거동은 친절하고 동정심으로 가득 찬 것이었다. 그러나 무엇보다도 그의 비범한 특성이라 할 것은 그의 '담대한 성실Fearless sincerity'이다.

영국에서는 그가 기독교를 혐오하고 기피했다고 하여 꺼리는 자가 많았다. 그러나 그는 기독교와 타협할 수는 없는 것임을 분명히 인식하였으며 마음에 있지도 않는 칭

찬을 늘어놓기에는 너무나 정직했다. 나 개인의 생각으로
는 기독교에 대한 담마빨라의 이와 같은 분명한 태도는
전 불교도가 지녀야 할 태도라고 생각한다.

　담마빨라의 불교철학에 대한 지식은 심원하며 그가 말
한 바는 간명하고 직절直截했다. 또 그는 무슨 일에든지
열렬했다. 이 성실한 열정이야말로 그의 불사를 성공시킨
근본 에너지일 것이다. 오늘날과 같은 오괴겁五壞劫의 시
대에 그와 같이 인류의 복리를 위하여 생애를 바친 사람
은 실로 드물다.
　담마빨라의 명성이 널리 퍼지게 된 주요한 이유 중의
하나는 불교를 서양에 널리 유포하려고 한 그의 열렬한
서원이다. 이에 모든 불교도들은 그의 이런 서원을 본받
아 그것을 성취하려고 노력해야 할 것이다. 법보시야말로
그 어떤 보시보다도 뛰어난 것이기 때문이다. 담마빨라는
세계를 구제할 수 있는 유일한 길은 세계종교 가운데서도
진정 평화를 희구하는 종교인 불교를 선포하는 데 있음을
명백히 인식했다.
　이제 담마빨라가 서거함에 따라 세계의 위대한 인물

한 사람이 사라졌다. 그와 같은 인물이 소수라도 존재한다면 훌륭한 인격자의 결핍으로 수난 받고 있는 현재의 상황에서 인류의 운명을 바꿀 수도 있을 것이다. 따라서 세계를 개혁할 유일한 방법은 그가 몸소 실천한 바와 같이 인류를 위하여 활동하는 것이다.

담마빨라가 탄생할 당시 스리랑카 사람들은 자신들을 불교도라고 긍정하기를 부끄러워했다. 기독교 전도사들은 철면피적이며 공격적이었다. 모든 교육은 그들의 손에 장악되었다. 스리랑카 사람들이 그들의 종교와 국민성을 상실하는 것은 오직 시간문제였다. 그러나 담마빨라의 덕택으로 오늘날 스리랑카 불교는 중흥하였고 스리랑카 사람들은 그들이 불교도임을 자랑하게 되었다.

비구들의 공부를 위한 대학을 가진 사르나트의 사원은 인도불교 갱생의 중심이 될 것이다. 오늘날 교양 있는 인도인은 불교 중흥운동에 기대하는 바가 크다. 왜냐하면 그들은 국가를 정치적으로 무력케 하는 카스트 제도의 사성계급 구별을 없애는 데는 불교사상의 선포 이외에 달리 길이 없음을 확신하는 까닭이다. 영국의 불교 전도회관이 동양의 불교도에 의해 올바르게 뒷받침된다면, 머지 않아 물질문명에 번민하는 서유럽에 광명과 행복의 기초를 제공하게 될 것이다.

담마빨라의 일생 서원은 인도불교의 중흥이었다. 그의 이 서원은 어느 정도 성취되었다.

이 거룩한 서원의 성취야말로 그를 미래에 숭고한 정각위正覺位에 나아가게 할 공덕의 선근이라 해도 결코 과언이 아닐 것이다.

1933년 6월호 《불교》에서

조곡시弔哭詩

인도양란도印度錫蘭島 담마빨라 대사 열반

김소하金素荷[20]

一.

오— 위대한 태양도 밤이 되면 지단말가?

오— 맹렬한 불꽃도 때가 가면 죽단말가?

영겁에 비춰주워야 할 그 태양이!

은제든 타올나여야 할 그 불꽃이!

二.

회교도에 짓발핀 불타佛陀의 탄생지인 룸비니를!

바라문교에 빼앗긴 불타의 성도장成道場인 불타가야를!

그남어지 설법하든 녹야원과 반열반든 사라쌍림을!

기어코 탈환하려 신념에 불이 붓든 성자 담마파라여!

---

20 1989년에 입적한 대강백 대은 스님의 아명임.

三.

그는 태양이 서산에 넘어가듯 열반에 쉬시도다.

그는 불꽃이 야변野邊에 사라지듯 각覺에 잠들도다.

지나, 조선, 일본, 불교도의 각성을 재촉하며

더욱히 조선 한성에 모신 불사리를 새로곰 억모憶慕하면서

四.

나는 그를 설허하며 눈물 흘니며 곡하노라

칠백 년 긴 세월에 파괴하든 이교도와 싸와가며

불교의 부흥 그를 위하야 태양가티 불꽃가티 분투하든

그가 도라가니

불광명이 비추려든 인도 천지가 다시 암흑하야 질 것을.

━━━ 〈고요한소리〉는

◦ 붓다의 불교, 붓다 당신의 불교를 발굴, 궁구, 실천, 선양하는 것을 목적
  으로 설립되었습니다.

◦ 〈고요한소리〉 회주 활성스님의 법문을 '소리' 문고로 엮어 발행하고 있
  습니다.

◦ 1987년 창립 이래 스리랑카의 불자출판협회BPS에서 간행한 훌륭한 불
  서 및 논문들을 국내에 번역 소개하고 있습니다.

◦ 이 작은 책자는 근본불교를 중심으로 불교철학·심리학·수행법 등 실생
  활과 연관된 다양한 분야의 문제를 다루는 연간물連刊物입니다. 이 책들
  은 실천불교의 진수로서, 불법을 가깝게 하려는 분이나 좀 더 깊이 수행
  해보고자 하는 분에게 많은 도움이 될 것입니다.

◦ 이 책의 출판 비용은 뜻을 같이하는 회원들이 보내주시는 회비로 충당
  되며, 판매 비용은 전액 빠알리 경전의 역경과 그 준비 사업을 위한 기금
  으로 적립됩니다. 출판 비용과 기금 조성에 도움 주신 회원님들께 감사드
  리며 〈고요한소리〉 모임에 새로이 동참하실 회원을 기다리고 있습니다.

◦ 〈고요한소리〉 책은 고요한소리 유튜브(https://www.youtube.com/c/
  고요한소리)와 리디북스RIDIBOOKS를 통해 들으실 수 있습니다.

◦ 카카오톡 채널(https://pf.kakao.com/_XIvCK)을 친구 등록 하시면 고
  요한편지 등 〈고요한소리〉의 다양한 소식을 받으실 수 있습니다.

◦ 〈고요한소리〉 홈페이지 안내
  - 한글 : http://www.calmvoice.org/
  - 영문 : http://www.calmvoice.org/eng/

- 〈고요한소리〉 회원으로 가입하시려면 이름, 전화번호, 우편물 받을 주소, e-mail 주소를 〈고요한소리〉 서울 사무실에 알려주십시오.
  (전화: 02-739-6328, 02-725-3408)

- 회원에게는 〈고요한소리〉에서 출간하는 도서를 보내드리고, 법회나 모임·행사 등 활동 소식을 전해드립니다.

- 회비, 후원금, 책값 등을 보내실 계좌는 아래와 같습니다.

국민은행	006-01-0689-346
우리은행	004-007718-01-001
농협	032-01-175056
우체국	010579-01-002831
예금주	**(사)고요한소리**

━━━ 마음을 맑게 하는 〈고요한소리〉 도서

금구의 말씀 시리즈

하나	염신경念身經
둘	초전법륜경初轉法輪經
	초전법륜경初轉法輪經 (확대본)
	초전법륜경初轉法輪經 (독송본)

소리 시리즈

하나	지식과 지혜
둘	소리 빗질, 마음 빗질
셋	불교의 시작과 끝, 사성제 – 四聖諦의 짜임새
넷	지금·여기 챙기기
다섯	연기법으로 짓는 복 농사
여섯	참선과 중도
일곱	참선과 팔정도
여덟	중도, 이 시대의 길
아홉	오계와 팔정도
열	과학과 불법의 융합
열하나	부처님 생애 이야기
열둘	진·선·미와 탐·진·치
열셋	우리 시대의 삼보三寶
열넷	시간관과 현대의 고품 – 시간관이 다르면 고품의 질도 다르다
열다섯	담마와 아비담마 – 종교 얘기를 곁들여서
열여섯	인도 여행으로 본 계·정·혜

법륜 시리즈

보리수잎 시리즈

붓다의 고귀한 길 따라 시리즈

단행본

This translation was possible
by the courtesy of the Buddhist Publication Society
54, Sangharaja Mawatha P.O. BOX61
Kandy, SriLanka

법륜·셋

다르마빨라 – 불교 중흥의 기수

초판 1쇄 발행   1989년 5월 25일
3판 3쇄 발행   2024년 6월 10일

지은이   상가라크쉬따 스님
옮긴이   류시화·이경숙 편역
펴낸이   하주락·변영섭
펴낸곳   (사)고요한소리

등록번호 제1-879호 1989. 2. 18.
주소   서울시 종로구 인사동길 47-5 (우 03145)
연락처   전화 02-739-6328 팩스 02-723-9804
          부산지부 051-513-6650   대구지부 053-755-6035
          대전지부 042-488-1689   광주지부 02-725-3408
홈페이지 www.calmvoice.org
이메일   calmvs@hanmail.net
ISBN   978-89-85186-18-6

          값 1,000원